INVESTIGAR
MAGISTERIO

Catalogación en la publicación – Biblioteca Nacional

Campos Arenas, Agustín
   Métodos mixtos de investigación : integración de la investigación
cuantitativa y la investigación cualitativa / Agustín Campos Arenas.
– Bogotá : Editorial Magisterio, 2009.
      p. – (Investigar)

   Incluye glosario y referencias bibliográficas.
   ISBN 978-958-20-0982-3

   1. Investigación científica 2. Metodología científica I. Título II.
Serie

CDD: 001.42 ed. 20   CO-BoBN– a664447

Agustín Campos Arenas, Ph. D.

Métodos mixtos de investigación

Integración de la Investigación cuantitativa y la investigación cualitativa

INVESTIGAR MAGISTERIO

INVESTIGAR
MAGISTERIO

MÉTODOS MIXTOS DE INVESTIGACIÓN
Integración de la Investigación cuantitativa y la investigación cualitativa

Autor
© *AGUSTÍN CAMPOS ARENAS*

Libro ISBN: 978-958-20-0982-3

Primera edición: 2009
Segunda edción: 2014

© *COOPERATIVA EDITORIAL MAGISTERIO*
Diag. 36 Bis *(Parkway La Soledad)* No. 20-70 PBX: 2884818
Bogotá, D. C. Colombia
www. magisterio. com. co

Dirección General
ALFREDO AYARZA BASTIDAS

Portada
YESMY BENÍTEZ

Contenido

Presentación

En el ámbito de la investigación y durante los últimos años se ha presentado un "enfrentamiento" entre teorías y prácticas que defienden, por un lado, un enfoque cualitativo, y por el otro, un enfoque cuantitativo. Las diferencias se han radicalizado y se han asumido posiciones irreconciliables. Cada uno afirma ser el enfoque adecuado y pertinente para la investigación. Defienden sus sustentos teóricos, sus técnicas y procedimientos como los más apropiados.

Importantes investigadores (Guba y Lincoln por el enfoque cualitativo; Kerlinger, por el cuantitativo) han encabezado este movimiento de "mejor" método en contraposición al otro. Aunque el enfoque cuantitativo (CUAN) tiene mayor número de años en el ámbito de la investigación, después de los años 80, el enfoque cualitativo (CUAL) logró su posicionamiento y la aceptación de los investigadores y académicos. Este hecho trajo como consecuencia la reacción de los defensores del método cuantitativo, quienes expresaban cautela con respecto al rigor y la "cientificidad" del método CUAL. A su vez, los defensores del método CUAL declaran que el "mundo, la realidad y la vida" son más profundos y complejos que números y medidas. Que no basta describir la realidad, sino tener una comprensión de ella. Que la teoría no puede sesgar la observación de la realidad; sino, más bien, las observaciones deben dar lugar a la teoría.

En este contexto de confrontaciones (sustentos, paradigmas, técnicas, instrumentos, formas de procesamiento, informe de los resultados, etc.), ha aparecido una nueva corriente (la tercera ola, a la manera de Tofler) que integra las bondades de los dos métodos y trata de minimizar sus limitaciones. Se le denomina *Métodos Mixtos de Investigación* (Mixed Methods research). Este novedoso enfoque, si bien hace uso de los contenidos asociados con los métodos CUAN y CUAL, genera su propio dominio teórico, sus propios diseños y propuestas para la recolección, procesamiento y análisis de los datos.

Los Métodos Mixtos representan un reto interesante para la investigación. Requieren del conocimiento de sus premisas y propuestas, de la comprensión y aceptación como una opción válida y posible para investigar, y del dominio de las técnicas propias que traen consigo.

Los Métodos Mixtos, como métodos de investigación, están ganando aceptación. Aparecen obras escritas al respecto, revistas y encuentros signados con el propósito de divulgar sus alcances y promover sus aplicaciones. La presente obra se inscribe dentro del objetivo general de los promotores de los Métodos Mixtos: llegar al mayor número de investigadores e interesados en el tema con una nueva propuesta presentada en la forma más clara posible que permita su comprensión y posterior adhesión.

El libro recoge una vasta cantidad de información escrita por los profesionales más destacados en este nuevo enfoque de investigación. El autor pretende ser un mediador entre el lector y el contenido. Por ello, propone una secuencia y orden en la presentación que, espera, pueda ser una guía que permita orientar la comprensión de esta metodología. Intenta presentar, de manera sencilla, un tema complejo.

Debo agradecer a dos personas que han contribuido de manera significativa con la revisión de la obra: Mg. María Peralta Lino y Mg. Mónica Escalante Rivera. Asimismo, a todos los amigos profesionales de la investigación por su apoyo constante y aliento para persistir en esta inquietud académica.

Es mi mayor anhelo que este libro ocupe un lugar preferente no sólo en su biblioteca personal; sino, fundamentalmente, en su mesa de trabajo.

El Autor

1

Conocimientos previos necesarios

La importancia de los conocimientos previos en la adquisición de un nuevo aprendizaje, ha sido destacada por D. Ausubel y la actual tendencia de la psicología del aprendizaje. Refieren que es necesario que el aprendiz cuente con información relevante relacionada con el nuevo tema para que sirva de sustento a la integración del nuevo conocimiento a su estructura cognitiva.

En este sentido, la presente obra hace mención y uso de conceptos y términos que deben ser conocidos por el lector, como prerrequisitos, para facilitar la lectura y comprensión de los contenidos que se presentan en las secciones siguientes. Walker, Spratt y Robinson (2004) identifican y describen algunos términos que requieren ser comprendidos para un mejor análisis de los Métodos Mixtos.

*   *Epistemología:* rama de la filosofía que estudia la teoría del conocimiento. La palabra proviene del griego antiguo de las palabras "episteme" (conocimiento) y "logos" (teoría). Se le conoce con diferentes denominaciones, tales como: teoría del conocimiento, gnoseología y fenomenología, entre otros. La epistemología tiene

que ver con la *verdad* de un conocimiento ordinario o científico, aunque algunos autores la han asociado sólo con el saber científico. En ambos casos, su objeto de estudio es el acto de conocimiento en sí y de la objetividad con que éste se realiza producto de la reflexión y de la aplicación de la razón y el juicio crítico. Se afirma que de esta manera se logra tener una visión más clara (objetiva, certera) de la realidad u objeto de estudio particular.

- *Paradigma:* término usado para referirse a un conjunto de creencias y valores comúnmente aceptados dentro de una determinada comunidad de investigadores o científicos. Explicita las formas de comportarse para desempeñarse correctamente en un determinado campo o ambiente. Fue propuesto por Thomas Kuhn para explicar el cambio en el ámbito científico; es decir, un nuevo paradigma reemplaza al anterior. Otros autores, han precisado al paradigma como el "conjunto básico de premisas o creencias que guían al investigador en su pesquisa o indagación" (Creswell, 1998). Greene y Caracelli (1997), sostienen que es el "conjunto interconectado de premisas e instancias" que incluyen las creencias *ontológicas* acerca de la naturaleza de la realidad y las creencias *epistemológicas* relacionadas con lo que le es posible conocer a una persona (Rocco, T. y otros, 2003, p. 20).

Recientemente, Johnson, Onwuegbuzie y Turner (2007) afirman que Kuhn sostenía que el paradigma se observa en un grupo de investigadores que poseen una educación similar, igual o equivalente, además coinciden en lo que constituyen "buenos ejemplos" de investigación o razonamiento de calidad. Johnson y otros, antes mencionados, afirman que las creencias a las que se alude en la definición de paradigma son amplias e incluyen no sólo a las creencias ontológicas, sino también a las epistemológicas, axiológicas, estéticas y metodológicas. En síntesis, sostienen, que paradigma de investigación se refiere a la cultura de la investigación. Asimismo, que, para ellos, el equivalente de *paradigma de investigación* es *paradigma metodológico* que se relaciona con el significado de conducir una investigación y la forma de llevarla a cabo.

- *Positivismo:* teoría del conocimiento que propone el uso de los métodos científicos en el conocimiento de la realidad. Considera que el fenómeno social tiene una realidad objetiva que puede ser conocida. Se afirma que el positivismo es reduccionista por descomponer un todo en sus partes para estudiarlo. Se sustenta en observaciones verificables. Parte de teorías precisas de las cuales extrae hipótesis susceptibles de ser o no verificadas en estudios aislados de sus contextos. Actualmente, a los seguidores de este pensar, se les denomina Post-Positivistas.

- *Constructivismo:* teoría que afirma que el fenómeno social y su significado son construcciones de procesos realizados. Es contrario al positivismo. Rechaza la idea del conocimiento científico separado de su contexto social. Más que una prueba de hipótesis interesa cómo las personas dan significado al mundo y de allí llegar a explicaciones y a construcción de teorías. Sus métodos de recolección de información no son rígidos, más bien, buscan encontrar significados en las interacciones sociales.

- *Pragmatismo:* reconoce que el valor del conocimiento depende de los métodos con los cuales se obtuvo. El valor del conocimiento está en relación con su utilidad para resolver problemas prácticos. "Verdad es aquello que sirve" en un determinado tiempo. Esto implica un relativismo, pues diferentes personas perciben el efecto del conocimiento de distinta manera. Estima que el investigador es libre de usar lo que crea conveniente para solucionar un problema. Tiene un énfasis práctico.

- *Hipótesis:* es una proposición que expresa relación entre dos o más variables cuya verdad puede ser verificada.

- *Deducción:* es el proceso de derivación de conclusiones lógicas a partir de premisas o enunciados generales.

- *Inducción:* es el proceso de inferencia de una conclusión a partir de instancias particulares.

Una serie de paradigmas o enfoques metodológicos se encuentran apoyando los enfoques de investigación y evaluación. Walker y otros (2004, p. 36) presentan un resumen interesante tomado de Phillips, Bain, Mc Naught y Rice (2001).

Paradigma	Premisas	Comentario
Positivista-Cuantitativo	– Los problemas se pueden definir a priori. – La complejidad de las situaciones sociales puede ser reducida a un conjunto de variables, las cuales son claramente operacionalizadas. – Existe confianza en experimentos controlados. – Las hipótesis se derivan de la teoría. – Los eventos pueden ser explicados en términos de causa y efecto. – Existe una interpretación correcta.	– Es valioso en la búsqueda de medidas cuantificables. Sin embargo, las personas y la complejidad social no pueden ser reducidas a variables claramente definidas y frecuentemente es más difícil formar grupos comparables.
Constructivista – Interpretativo – Cualitativo	– Existe un foco o centro de exploración de la dinámica de las interacciones con énfasis en el mundo como una realidad socialmente construida que involucra diferentes perspectivas. – En una determinada situación, las percepciones y valores de todos los participantes son necesarias para explorar las posibles interpretaciones. La teoría emerge de los datos.	– Este paradigma ha enriquecido sobremanera la comprensión de la situación social. – No necesariamente se focaliza en áreas que necesitan cambio. Presenta descripciones, pero sin juicios que permitan la toma de decisiones.
	Premisas	Comentario
Teoría Crítica – Postmoderno	– Trata de superar los enfoques anteriores poniendo énfasis en el proceso de reflexión crítica al cual ubica en el centro del proceso de investigación. La teoría es conocimiento y poder. – El objetivo es cambiar el mundo, no sólo describirlo. – La práctica es una actividad importante. Ésta se sustenta en la teoría respectiva y la reflexión de la práctica existente, la cual da lugar a una nueva práctica.	– En este paradigma y el anterior es muy importante la comprensión de las diferentes dinámicas y perspectivas de las personas que constituyen los sujetos de la investigación. – La diferencia con el anterior está en el propósito de cada paradigma.

Paradigma	Premisas	Comentario
Método Mixto-Ecléctico-Pragmático	– Está en capacidad de manejar la complejidad de la sociedad moderna y tecnológica. – Se centra en problemas prácticos en lugar de asuntos de la realidad y teorías de la sociedad. La teoría es el resultado del consenso entre investigadores sobre la utilidad práctica de ésta. – Reconoce las limitaciones de los enfoques actuales de investigación y evaluación.	– Reconoce el "estado de arte" de la investigación. – Considera esencial mantener "abierta" la posibilidad de integración de enfoques.

Triangulación

Uno de los términos más conocido y asociado con la investigación de método mixto es el de triangulación. Los investigadores aceptan la idea de confrontar y comparar diferentes tipos de análisis de datos en un mismo estudio.

Denzin (1970, 1975, 1989), Morse (1991), Cowman (1993) y Creswell (1994, 2002) son quienes impulsaron esta manera de investigar. "La triangulación en el campo de la educación consiste en una estrategia de investigación mediante la cual un mismo objeto de estudio pedagógico es abordado desde diferentes perspectivas de contraste o momentos temporales, donde la triangulación se pone en juego al comparar datos; contraponer las perspectivas de diferentes investigadores; o comparar teorías, contextos, instrumentos, agentes o métodos, de forma diacrónica o sincrónica en el tiempo" (Rodríguez, Pozo y Gutiérrez, 2006, p. 289). Sin embargo, se menciona a E. J. Webb como la persona que acuñó el término "triangulación" y a Denzin, como el primero que estableció propuestas para triangular métodos (Johnson, Onwuegbuzie y Turner, 2007). Según este autor, la triangulación permite determinar: convergencia, inconsistencia y contradicción en los resultados.

Jick (1979), citado por Johnson y otros, le atribuye las ventajas siguientes: mayor certeza de los resultados, maneras creativas de recoger datos, datos enriquecidos, pueden integrarse teorías, muestra contradicciones, prueba decisiva (de fuego) para teorías competidoras. Morse (1991) presenta dos maneras de realizar la triangulación: simultánea o secuencial.

La premisa que sustenta la triangulación es la de la *Lógica de Integración* que conlleva la complementariedad de los enfoques y de la unidad. Esta técnica ha sido considerada de diferentes maneras, según los aspectos que se triangulan. Denzin (1970, 1978) presenta una clasificación que ha sido difundida: *triangulación de datos* (fuentes, informantes), *triangulación teórica* (diferentes teorías o hipótesis rivales), *triangulación de investigadores* (investigadores de diferentes disciplinas, perspectivas y experiencias). También se mencionan posibilidades de triangulación en el tiempo y triangulación en el espacio. Finalmente, se incluye la triangulación en el análisis (uso de dos o más aproximaciones en el análisis de un mismo grupo de datos).

Igualmente, según la finalidad del investigador al realizar la triangulación, pueden encontrarse tres modelos:

* Triangulación como validación (The Validity Model), que busca la convergencia de los resultados obtenidos por diferentes métodos.
* Triangulación como complementación (The Complementary Model), que busca que un método aporte significados a los resultados obtenidos por otros métodos.
* Triangulación como un modelo trigonométrico (The Trigonometry Model), tal como se usa en los campos de la navegación, la topografía y la lógica castrense: un fenómeno social puede ser caracterizado desde un método "A" a partir de los métodos "B" y "C" (Rodríguez, Pozo y Gutiérrez, 2006, pp. 295-296).

2

El método cuantitativo y el método cualitativo: en busca de la supremacía

La investigación en el área social, hasta hace algunos años, ha mostrado el predominio del enfoque cuantitativo sustentado en el modelo de las ciencias naturales. Lo positivo de esta tendencia llevó a los estudiosos a usar el método científico en la investigación social. Así se propone en los textos y cursos de investigación y su uso en los estudios realizados por investigadores y estudiantes en las diferentes carreras relacionadas con el campo social.

Los investigadores de las áreas de las ciencias humanas/sociales/ de la conducta consideraron que era deseable y apropiado tener a su alcance un método de investigación con eficiencia probada en el estudio de los fenómenos físicos. De esta forma, se procedía de manera objetiva, imparcial, neutra, en el tratamiento de los fenómenos sociales y se lograban resultados libres de contexto y tiempo, que podían ser generalizados. Es decir, asumieron que las premisas consideradas para el área física y el enfoque positivista (e.g., validez, confiabilidad, replicabilidad, independencia, etc.) también eran aplicables y válidas para el campo de las ciencias sociales y de la conducta. Este enfoque ha predominado, en el campo de la investigación, durante gran parte del siglo XX.

Posteriormente, en las últimas dos décadas, apareció una propuesta, más propia para el campo social y las ciencias de la conducta: el método cualitativo. Éste ha recibido el reconocimiento de investigadores, no satisfechos con el método cuantitativo, pues la vida y las relaciones que experimentan las personas deben ser estudiadas desde una óptica o perspectiva más natural, más flexible y más propia de situaciones humanas.

Existe mucha información acerca de cada uno de estos métodos, así como defensores y difusores de sus éxitos y ventajas relativas. Sin embargo, también, existe un gran debate acerca del valor de uno en comparación con el otro, sin un ganador definido.

A continuación, se presenta una breve descripción de cada método, a manera de ubicación en el propósito de esta obra, la cual puede ser ampliada con la vasta literatura especializada que existe. Asimismo, se introduce el debate y se aproxima una solución.

1.   El método cuantitativo

Este método está asociado al trabajo científico. Son los investigadores de las ciencias naturales quienes lo desarrollaron y difundieron como un método de investigación, riguroso, replicable y controlado. Mediante estos procedimientos la ciencia ha logrado significativos avances y el método, gran reconocimiento.

En síntesis, se puede decir que este método parte de un conocimiento establecido (Teoría) del que extrae ciertas explicaciones acerca de hechos o situaciones (Hipótesis) que se pretenden verificar. A continuación, se identifican, definen y operacionalizan las variables implícitas o explícitas de las hipótesis, las cuales son medidas a través de diferentes y apropiados instrumentos. La información recogida y procesada permite tomar decisiones con relación a las hipótesis planteadas, así como conclusiones correspondientes al estudio realizado. Hace uso de un proceso deductivo.

Numerosas investigaciones adoptaron este método sustentadas en el trabajo publicado por Campbell y Stanley (1963) sobre diseños experimentales y cuasi experimentales, el cual atrajo el interés de los investigadores sociales por los diseños de esta naturaleza. De allí su expansión en el campo académico y profesional de psicólogos, educadores, sociólogos, etc., al considerar que de esta manera se podía generalizar resultados, identificar relaciones causa-efecto, replicar estudios, estandarizar pruebas y procedimientos, así como lograr la objetividad e imparcialidad, entre otras fortalezas. Por ello, priorizaron como instrumentos de recolección de datos los tests estandarizados, las escalas, pruebas, cuestionarios, entrevistas estructuradas, observaciones estructuradas, uso de códigos precisos para el análisis de contenido, etc.

Fortalezas

- Permite verificar y validar teorías acerca de diversos fenómenos.
- Se verifican hipótesis formuladas antes de la recolección de datos.
- Los datos pueden generalizarse, cuando el muestreo ha sido el apropiado.
- Puede ser replicada.
- Permite hacer predicciones.
- Pueden controlarse otras variables que afectan los resultados.
- La recolección de datos puede realizarse, relativamente, pronto.
- Hace uso de datos numéricos, precisos, cuantitativos.
- El procesamiento, con paquetes estadísticos, puede realizarse en menor tiempo.
- Los resultados son independientes del investigador, dependen de la significancia estadística.
- Puede tener mayor credibilidad ante autoridades (administrativos, políticos, personas que financian la investigación, etc.).
- Útil para estudiar poblaciones con numerosos sujetos.

Debilidades

- Las premisas y categorías usadas por el investigador pueden estar lejos del entendimiento de la población.
- Las teorías usadas pueden no ser entendidas.
- Se pueden perder u omitir otros aspectos al centrarse en la verificación de hipótesis (sesgo de confirmación).
- El conocimiento generado puede ser muy abstracto y general para una aplicación a situaciones locales, contextos y personas específicas.

2. El método cualitativo

Existen hechos y situaciones de la realidad como son las relaciones interpersonales, percepciones, creencias, rutinas de vida, etc., que no se pueden exponer numéricamente y ser tratados mediante la estadística. Estos requieren centrarse más en el significado y en la interpretación de experiencias y situaciones que en procesamiento de datos numéricos. Sin embargo, se pueden incluir situaciones de tipo binario que llevan a concluir sobre la presencia o ausencia de un fenómeno de interés.

Desde este referente, la investigación se orienta a generar una teoría mediante un proceso inductivo, que va de lo específico a lo general, que se inicia con observaciones que son sometidas a situaciones de análisis para determinar patrones, congruencias, diferencias, entre otros. De esta manera se podría llegar al conocimiento de la realidad investigada y a la comprensión de los fenómenos y sus relaciones, así como generar una posible explicación teórica de los hechos. Ante un tema o problema de interés, el investigador recoge información mediante entrevistas y observaciones; formula preguntas abiertas y cerradas a los participantes; registra notas de campo, y analiza los datos para conformar temas o categorías. Luego, busca establecer patrones, generalizaciones a partir de los temas y categorías y, finalmente, busca la construcción de teorías, la definición de nuevas líneas de investigación y la bibliografía de soporte. Así lo entendieron autores como: Eisner, Geertz, Stake y Wolcott, entre otros.

Uno de los trabajos pioneros en esta dirección le corresponde a Lincoln y Guba (1985) con su obra *Naturalistic inquiry*, considerada como una respuesta al positivismo que sustentaba la investigación cuantitativa. Ellos, más bien, "asumen como fuentes de investigación al constructivismo, el idealismo, el relativismo, el humanismo, la hermenéutica y en algunos casos el postmodernismo" (Johnson y Onwuegbuzie, 2004, citando a otros autores).

Quienes proponen este método de investigación en el campo social sostienen que no es posible aislar los hechos de la realidad y que las generalizaciones, independientemente de contexto y de tiempo, no son posibles ni deseables. Además, que no es posible separar completamente causa y efecto y que el investigador no puede llegar a ser plenamente objetivo, sino, más bien, subjetivo al estar involucrado con la realidad y sus hechos. Afirman que la investigación conlleva a la preparación de descripciones detalladas, ricas y amplias, en lugar de simplificaciones estadísticas.

Tesh (1991) citado por Walter y otros (2004) identifica tres características comunes en los estudios cualitativos:

* Orientados al lenguaje con énfasis en comunicación y significados.
* Son de carácter "descriptivos/interpretativos" de fenómenos sociales.
* Incluyen enfoques de construcción teórica acerca de las relaciones encontradas en un fenómeno social.

Entre los instrumentos más utilizados por este método se encuentran: la observación (participante y no estructurada), la entrevista a través de diferentes medios (estructurada o semiestructurada, individual o grupal), la narración, el incidente crítico, las representaciones gráficas (conceptuales o de relaciones), el análisis documental, etc.

Con relación a este método, se han planteado fortalezas y debilidades (Johnson y Onwuegbuzie, 2004) que se mencionan a continuación.

Fortalezas

* Los datos están sustentados en categorías de significado para los participantes.
* Es útil para el estudio, en profundidad, de un limitado número de casos.
* Es útil para describir fenómenos complejos.
* Provee información de casos individuales.
* Pueden realizarse comparaciones y análisis a través de diferentes casos.
* Suministra comprensión y descripción de la experiencia personal de sujetos de investigación.
* Puede describir, con mucho detalle, fenómenos tal como están ubicados e incorporados en los contextos locales.
* El investigador identifica factores contextuales y de escenario, y la forma en que se relacionan con el fenómeno de interés.
* Se pueden estudiar procesos dinámicos.

- Se puede generar teoría a partir de procesos inductivos.
- Se puede determinar cómo los participantes interpretan los "constructos" usados en la investigación.
- Los datos se recogen en ambientes naturales.
- Responde a necesidades locales, condiciones e intereses de la población.
- Pueden administrarse cambios en la investigación durante el proceso.
- Pueden encontrarse razones de la ocurrencia de los fenómenos (causación ideográfica).
- En el reporte puede usarse un caso para ejemplificar mejor el fenómeno.

Debilidades

- Los resultados no pueden generalizarse a otras personas y contextos.
- Se hace difícil realizar predicciones cuantitativas.
- Se dificulta validar hipótesis y teorías.
- Puede tener menor credibilidad ante autoridades.
- Toma más tiempo realizarla y analizar los datos.
- Los resultados son más fácilmente influenciados por el sesgo y la idiosincrasia del investigador.

3. El debate

La aparición, aceptación y difusión del método cualitativo produjo un efecto colateral: el cuestionamiento del método cuantitativo. La reacción de los investigadores cuantitativos y la reafirmación de los cualitativos han llevado a una "guerra" ("La guerra de los paradigmas", Gage, 1989) no declarada, pero sí duramente sostenida en foros, publicaciones, aulas universitarias y en otros entornos. Cada posición trata de establecer su superioridad y pertinencia en la tarea de investigar y critica en el otro enfoque el método, rigor y validez de sus conclusiones. Este debate ha dividido a los investigadores y prácticos del campo social y los ha "enfrentado" innecesariamente.

Se afirma, que esta situación tiende a ser una consecuencia de cierta lógica. Así, Findlay y Li (1999), citados por Yasmina Katsulis, 2003, sostienen que "la posición teórica que un investigador tiene con relación a la naturaleza de la existencia (ontología) y la filosofía del conocimiento (epistemología) está intrínsecamente relacionada con los métodos adaptados en la búsqueda del conocimiento". Por su parte, Bazeley (2002) afirma que, por un lado, se encuentra el paradigma o enfoque positivista relacionado con el determinismo, reduccionismo, objetividad, método científico, medición numérica, validez, confiabilidad, teoría de la medición, observaciones cuidadosas, realidad exterior y ajena, etc. Por otro lado, se encuentra el construccionismo/constructivismo, relacionado con el contexto, ambiente, interpretación basada en significados, subjetividad, inducción, patrones/categorías, procesos; interacción, negociación, desarrollo de teoría, construcción del conocimiento etc. Se sostiene que estos paradigmas son incompatibles, por lo que el método cuantitativo y el cualitativo no pueden integrarse.

Este afán de predominio ha llevado a algunos autores a precisar sus diferencias. Al respecto, Walker, Spratt y Robinson (2004) hacen estas distinciones:

Aspecto	Cuantitativa	Cualitativa
Rol de la teoría	– Enfoque deductivo. – Verificación de la teoría.	– Enfoque inductivo. – Generación de teoría.
Teoría del conocimiento (Epistemología).	– Sigue el modelo de las ciencias naturales. – Positivismo.	– Interpretativa.
Visión de la realidad social	– La realidad social es objetiva y medible.	– La realidad social es algo construido por la gente.

Otra comparación interesante entre los dos métodos de investigación es la presentada por James Neill (2006).

Cualitativa	Cuantitativa
"Finalmente, toda investigación tiene un sustento (base) cualitativo (a)" – Donald C. Campbell.	"No existe dato cualitativo como tal. Todo es 1 ó 0" – Fred Kerlinger.
El propósito del análisis cualitativo es una completa y detallada descripción.	En la investigación cuantitativa se clasifican aspectos, se cuentan y se construyen modelos estadísticos en un intento por explicar lo observado.
Recomendada en etapas iniciales del proyecto de investigación.	Recomendada en etapas posteriores del proyecto de investigación.
El investigador puede conocer ligeramente a priori lo que está buscando.	El investigador conoce claramente con anticipación lo que está buscando.
El diseño emerge durante el desarrollo del estudio.	Todos los aspectos del estudio están cuidadosamente diseñados antes de la recolección de datos.
El investigador es el "instrumento" de recolección de datos.	El investigador usa instrumentos, como el cuestionario o equipo, para la recolección de datos.
Los datos están representados por palabras, gráficos/figuras u objetos.	Los datos están representados por números y estadísticas.
Datos cualitativos son más "ricos", consumen más tiempo y son menos generalizables.	Datos cuantitativos son más eficientes, posibilitan la verificación de hipótesis, pero pueden dejar de lado detalles contextuales.
El investigador tiende a estar sumergido subjetivamente en el contenido.	El investigador se mantiene objetivamente separado del contenido.

Una comparación interesante entre los dos enfoques es presentada por Bogdan, R. C. y Biklen, S. K. (1982). La comparación se hace con relación a una serie de criterios, tal como se muestra a continuación.

Cualitativa		Cuantitativa	
Denominaciones relacionadas con el enfoque			
– Etnografía – Trabajo de campo – Datos suaves – Interacción simbólica – Perspectiva interna – Naturalística – Etnometodológica – Descriptiva	– Observación participante – Fenomenológico – Escuela de Chicago – Documental – Historia de vida – Estudio de caso – Ecológica	– Experimental – Datos duros – Perspectiva externa – Empírica	– Positivista – Hechos sociales – Estadística
Conceptos claves			
– Significado – Comprensión por sentido común – Agrupar y relacionar – Definición de situación – Vida diaria	– Comprensión – Proceso – Negociar – Para todo propósito práctico – Construcción social	– Variable – Operacionalización – Confiabilidad – Hipótesis	– Validez – Significancia estadística – Publicabilidad
Autores / investigadores			
– Max Weber – Charles Horton Cooley – Harold Garfinkel – Margaret Mead – Anselm Strauss – Eleanor Leacock – Howard S. Becker – Raymond Rist – Estelle Fuchs	– Herbert Blumer – W. I. Thomas – Everet Hughes – Erving Goffman – Harry Wolcott – Rosalie Wax – George Herbert Mead – Barney Glaser – Hugh Mehan	– Emile Durkheim – Lee Cronbach – L. Gutlman – Gene Glass – Robert Travers – Robert Bales	– Fred Kerlinger – Edward Thorndike – Fred McDonald – David Krathwohl – Donald Campbell – Peter Rossi
Afiliación teórica			
– Interacción simbólica – Etnometodología – Fenomenología	– Cultura – Idealismo	– Funcionalismo estructural – Realismo, positivismo – Conductismo	– Empirismo lógico – Teoría de sistemas

Cualitativa		Cuantitativa	
Afiliación académica			
– Sociología – Historia	– Antropología	– Psicología – Economía	– Sociología – Ciencia política
Metas			
– Desarrollar conceptos sensibles – Describir diferentes realidades	– Teoría básica – Desarrollar comprensión	– Verificar teoría – Establecer los hechos – Descripción estadística	– Mostrar relaciones entre variables – Predicción
Diseño			
– Envolvente, flexible, general	– Es una estimación de cómo proceder	– Estructurado, predeterminado, formal, específico	– Es un plan detallado de operación
Propuesta escrita de investigación			
– Breve – Especulativa – Sugiere áreas de investigación que pueden ser relevantes – Escrita después de que algunos datos han sido recogidos	– Marco teórico no extenso – Enunciado general del enfoque	– Extenso – Detallado y específico en el problema – Detallado y específico en los procedimientos	– Marco teórico amplio – Escrita antes de la recolección de datos – Enunciado de hipótesis
Datos			
– Descriptivos – Documentos personales – Notas de campo – Fotografías	– Expresiones verbales – Documentos oficiales	– Cuantitativos – Codificación cuantificable – Medibles, enumerables	– Variables operacionalizadas – Estadística

Cualitativa		Cuantitativa	
Muestra			
– Pequeña – No representativa	– Muestreo teórico	– Grande – Estratificada – Grupos de control – Precisa	– Selección al azar – Control de variables extrañas
Métodos o técnicas			
– Observación – Revisión de documentos y/o objetos	– Observación participante – Entrevista abierta	– Experimentos – Cuestionarios – Entrevista estructurada	– Cuasi-experimentos – Observación estructurada – Conjunto de datos
Relación con los sujetos			
– Empatía – Énfasis en la confianza – De igualdad	– Contacto intenso – Sujeto como amigo	– Circunscrita – Breve	– Distante – Separados el investigador y los sujetos
Instrumentos y medios			
– Grabadora – Esquemas para transcripción	(el investigador, a menudo, es el único medio)	– Test estandarizados – Inventarios – Cuestionarios – Pruebas específicas	– Escalas – Programas estadísticos
Análisis de datos			
– En todo momento – En términos de modelos, temas, conceptos – Inductivo	– Inducción analítica – Método de comparación constante	– Reductivo – Al final de la recolección de datos	– Uso de la estadística

Cualitativa		Cuantitativa	
Problemas con respecto a su uso			
– Consumo de tiempo – Dificultad para la reducción de los datos – Confiabilidad	– Procedimientos no estandarizados – Dificultad para estudiar grandes poblaciones	– Control de otras variables – Materialización	– Aplicabilidad al problema
Paradigma			
– Hace uso de métodos cualitativos – Fenomenología: busca comprensión – Naturalista: observación no controlada – Subjetiva – Cerca de los datos – interior – Inductiva – Orientada al proceso – Datos "verbales", "reales" y "ricos" – No generalizable – uso de casos – Holística – Asume la realidad como dinámica		– Hace uso de métodos cuantitativos – Positivismo lógico: busca hechos, datos – Controlada – Objetiva – Remota de los datos: exterior – Deductiva – Orientada al resultado – Datos confiables y replicables – Generalizable – Particular – Asume la realidad como estable	

Igualmente, Maxwell y Loomis (2003, en Tashakkori y Teddlie, p. 252) establecen una serie de elementos de ambos métodos que pueden ser, luego, incorporados en un diseño mixto.

Componente	Cuantitativo	Cualitativo
Propósito	– Medición precisa y comparación de variables – Relaciones entre variables – Inferencia de la muestra a la población	– Significado – Contexto – Proceso – Descubrir eventos no anticipados, influencias y condiciones – Comprender casos únicos – Desarrollo inductivo de teoría

Componente	Cuantitativo	Cualitativo
Marco conceptual	– Teoría de la varianza	– Teoría del proceso

Preguntas de investigación	– Preguntas de varianza
	  * Verdad de la proposición
	  * Presencia o ausencia
	  * Grado o cantidad
	  * Correlación
	– Prueba de hipótesis
	– Causalidad (factual)
		– Preguntas de proceso
		  * Cómo y por qué
		– Significado
		– Contexto (holístico)
		– Hipótesis como parte del esquema conceptual
		– Causalidad (física)

Métodos de investigación – Relaciones	– Objetividad/reducción de influencias (investigador como una variable extraña)	– Uso de influencias como una herramienta de comprensión (investigador como una parte del proceso)
– Muestreo	– Muestreo probabilístico – Comparaciones válidas	– Muestreo deliberado
– Recolección de datos	– Desarrollo previo de instrumentos – Estandarización – Medición/pruebas: cuantitativa/categórica	– Desarrollo inductivo de estrategias – Adaptado a una situación particular – Recolección de material textual o visual
– Análisis de datos	– Análisis numérico descriptivo (estadística, correlación) – Estimación de variables poblacionales – Prueba estadística de hipótesis – Conversión de data textual en números o categorías	– Análisis textual (codificación, conexión) – Teoría empírica (Grounded) – Enfoques narrativos
Validez – Validez interna	– Validez de conclusión estadística – Validez de constructo – Validez causal (control de variables extrañas)	– Validez descriptiva – Validez interpretativa – Validez de constructo – Validez causal (identificación y valoración de explicaciones alternativas)
– Generalización	– Validez externa (comparabilidad)	– Transferibilidad. – Generalización a teoría

El debate se ha extendido a diferentes esferas y escenarios y pareciera no tener punto de acuerdo. Ambas posiciones se aferran a cuestiones filosóficas y epistemológicas sin abandonar sus trincheras. Los positivistas defienden el concepto rígido de ciencia, aún sabiendo que hoy día la ciencia incluye tanto la confirmación como la falsación a manera de procedimientos objetivos. Igualmente, el concepto de objetividad se está cuestionando. Por ejemplo, se afirma que el investigador está afectado por subjetivismos cuando toma decisiones en diferentes instancias del estudio: al decidir qué investigar, al seleccionar los instrumentos de recolección de datos, al interpretar los resultados, al seleccionar el nivel de significancia, al formular conclusiones, al decidir los aspectos de la investigación para ser incluidos en una publicación, etc. "Es decir, realizar una investigación totalmente objetiva y libre de subjetivismo es casi imposible, o un mito" (Johnson y Onwuegbuzie).

Igualmente, los defensores del método cualitativo no están libres de observaciones. De hecho admiten, Guba entre otros, que el relativismo que divulgan no es tal. Por ejemplo, al juzgar la calidad de una investigación debe hacerse uso de estándares o criterios consensuados y no posiciones personales. Es tal el acuerdo, que se ha llegado a obtener ciertas técnicas aceptadas por los investigadores que hacen uso de este método, tales como: triangulación, muestreo de caso negativo, apareamiento de patrones, auditorías externas. Además, se le critica la "poca o inadecuada fundamentación teórica que se incluye en la interpretación de los datos y la poca difusión de sus métodos de análisis" (Johnson y Onwuegbuzie).

4. La solución

La "guerra de los métodos de investigación" ha sido equivocadamente mantenida y alimentada. El enfrentamiento de métodos diseñados bajo diferentes sustentos y para diferentes propósitos es un error conceptual: el cuantitativo, de gran tradición en el campo de las ciencias empíricas, nacido bajo el influjo de las ideas de John Stuart Mill y otros y desarrollada en diseños, tiempo después, por Stanley y Campbell y el cualitativo, de más reciente desarrollo, influenciado por las ideas de Lincoln y Guba, para estudios en problemas de las ciencias humanas.

La distinción entre estos dos métodos puede describirse, en forma resumida, en términos de las consideraciones siguientes (Bazeley, 2002):

*   Tipo de datos (textual o numérico, estructurado o no estructurado).
*   La lógica empleada (inductiva o deductiva).
*   El tipo de investigación (exploratoria o confirmatoria).
*   El método de análisis (interpretativo o estadístico).
*   El enfoque de explicación (teoría de varianza o teoría de proceso).
*   El paradigma (positivista o interpretativo/crítico, racionalista o naturalista).

A pesar de las diferencias que siempre se han señalado entre los dos métodos, no se ha prestado mayor atención a aspectos comunes que los métodos comparten. Entre ellos pueden mencionarse a los siguientes (Johnson y Onwegbuzie, 2004, p. 15):

*   El uso de evidencia empírica para resolver las preguntas de investigación.
*   Preocupación por evitar/eliminar el sesgo y otras fuentes de invalidez de los resultados.
*   Intentos por presentar, con garantía, afirmaciones acerca del ser humano y del ambiente en que se desenvuelve.
*   Consistencia en los objetivos, alcance y naturaleza de la indagación (Dzurec y Abraham, 1993, p. 75).

Actualmente, los autores (Johnson y Onwuegbuzie, por ejemplo) consideran que existen ciertos acuerdos básicos que unen estos dos métodos. Entre ellos:

*   La relatividad de la "luz de la razón", la que varía según las personas.
*   La teoría como sustento de la percepción y de los hechos, por cuanto todo lo que "vemos" está condicionado por el conocimiento, teorías y experiencias.
*   La indeterminación de la teoría sólo por la evidencia, por cuanto, diferentes teorías pueden "encajar" con un mismo conjunto de datos.
*   La tesis o idea de premisas auxiliares, por cuanto pueden existir explicaciones alternativas.
*   El problema de la inducción, que implica que no se obtiene una prueba final, sino evidencia probabilística.

- La naturaleza social de la tarea de la investigación, por cuanto los investigadores están inmersos en comunidades que poseen sus propias actitudes, valores y creencias.
- La dependencia de valores en la indagación, por cuanto los valores afectan las decisiones del investigador.

Es así como la "guerra" puede ser terminada con vencedores y sin derrotados. Es decir, la determinación de la pertinencia de un método de investigación debe hacerse en función de los propósitos o metas de investigación y no tanto con relación a su concordancia con una serie de criterios o convenciones. La selección del método, entonces, debe realizarse en función de las preguntas a resolver y a la credibilidad de los posibles resultados a obtenerse. Es necesario tener presente que los métodos de investigación, tal como sugiere Bazeley, son herramientas para facilitar la comprensión de un hecho o fenómeno y en función de ello debe determinarse su pertinencia. Más que contrarios u opuestos deben verse como elementos dentro de una línea continua. Más aún, que ambos puedan usarse dentro de un mismo estudio para responder con más eficacia y certeza a las interrogantes de la investigación.

Ante la posibilidad de integración, se alzaron voces que se oponían a este intento y mantenían el debate.

El "enfrentamiento" de estas dos posiciones está fundamentado en lo que denomina Howe (1998), la "hipótesis de la incompatibilidad", por lo cual no puede haber cercanía entre las dos propuestas. Es una u otra. Al respecto, una cita de Guba (1990, p. 81) es mencionada por Johnson y Onwuegbuzie: "Un acuerdo entre (los dos) paradigmas es imposible... nos dirigimos hacia fines diversos y dispares". Los dos métodos han establecido una especie de culto a sus premisas que los ha distanciado. Sin embargo, algunos autores (Geertz, 1973; Harding, 1987; Greene y Caracelli, 1997; Lin, 1998; Yanow, 2003; Dessler, 2003) aportan lo siguiente: Los métodos no implican paradigmas; por lo tanto, las diferentes herramientas de recolección y análisis de datos están al servicio de múltiples epistemologías (Lin y Loftis, 2005).

Otra opinión, desde otra perspectiva, la expresa Bazeley (2002), concordando con Miles y Huberman, al afirmar que "la pregunta, no es si dos tipos de datos y métodos pueden combinarse durante un estudio, sino que si deben hacerlo, cómo y para qué propósitos".

Una nueva propuesta, la integración de los dos métodos en un mismo estudio, ha aparecido recientemente bajo la denominación de Métodos Mixtos de Investigación (o método combinado de investigación). Aunque sus orígenes pueden trazarse desde 1970, cuando los métodos no eran tan excluyentes y la "guerra" no alcanzaba esa denominación, es en los últimos años cuando cobra mayor fuerza.

Este método procura integrar las potencialidades de los dos métodos desde una óptica pragmática, pluralista o balanceada que favorezca la comunicación entre los investigadores y el avance del conocimiento al tratar de responder con mayor aproximación a preguntas importantes previstas en un estudio. Esta posición pragmática, sugerida por Pierce y, luego, por James, es un "método para resolver disputas metafísicas que de otra manera serían interminables... (lo que permite) interpretar cada (enfoque) determinando sus consecuencias prácticas" (James, 1995, citado por Johnson y Onwuegbuzie). Se menciona a Dewey apoyando esta noción pragmática, al enfatizar que al juzgar ideas debemos considerar sus consecuencias empíricas y prácticas. De esta manera y según los autores mencionados, se podrán entender mejor las posiciones filosóficas y lograr mayor comprensión de los fenómenos del mundo real.

Los sustentos de los métodos cuantitativos y cualitativos hacen que estos tengan ventajas y limitaciones y que uno resulte más apropiado que otro en determinada situación; sin embargo, se considera que en otros casos, la combinación de ambos puede ofrecer un mejor resultado. El pragmatismo permite al investigador hacer uso del método mixto como un enfoque más completo y plural. El pragmatismo, como sustento de la unión de estos métodos, no pretende resolver totalmente el conflicto, pero en sí mismo es una propuesta que tiene fortalezas y debilidades. A nivel filosófico, puede servir de punto de unión entre dos posiciones extremas. Tal como lo sugiere Niglas (1999, citado por Greene y Caracelli, 2003), el asunto metodológico depende del problema o asunto por resolver, y no de cuestiones filosóficas, y lo mencionado por Kadriye y Wolff Michael (2006) quienes enfatizan que el mundo material (ontología) y su conocimiento (epistemología) tienen tanto características cualitativas como cuantitativas y que la distinción entre "objetividad" y "subjetividad", asociada a los métodos, no es útil ni precisa. Sugieren: 1) tener una concepción de un "continuo" en lugar de una dicotomía, 2) poner énfasis en la naturaleza del problema y las preguntas de la investigación, y 3) estimular el trabajo colaborativo de los investigadores de los dos campos.

En un mundo cada vez más complejo y dinámico se hace necesario el uso de métodos que permitan una mejor comprensión de los fenómenos de estudio para así responder con mayor propiedad a los interrogantes planteados. Métodos que hagan uso, sin exclusión, de la lógica inductiva y deductiva. En este sentido, los métodos mixtos son una promesa que sigue en desarrollo y obtiene cada vez más aceptación.

3

Los métodos mixtos de investigación

Los métodos mixtos de investigación, de reciente aparición, merecen un tratamiento particular. En esta y en las siguientes secciones, aparecen conceptos fundamentales, diseños y orientaciones que explican el sentido y propuestas de estos métodos para ser considerados como una alternativa viable en el campo de la investigación.

1. Introducción

El debate entre los métodos de investigación ha llevado a algunos autores a proponer la coexistencia de ambos en un mismo estudio o proyecto (Morse, en Tashakkori y Teddlie, 2003, p. 191). Al uso articulado de dichos métodos se le considera como una tercera propuesta o tercer paradigma de investigación. Se afirma que es la naturaleza de la investigación la que determina la necesidad de la combinación de los métodos, más allá de posturas filosóficas. Conlleva una visión ecléctica y pragmática del mundo.

Definición

Los métodos mixtos de investigación, llamados también investigaciones mixtas (Johnson y Onwuegbuzie, 2004; Johnson, Onwuegbuzie y Turner, 2007), representan un enfoque plural y ecléctico al combinar varios enfoques de los que aprovecha sus fortalezas y minimiza sus debilidades. Se puede decir que se ubica en el punto medio de una línea continua, donde los otros dos métodos se ubican en los extremos. "Es la clase de investigación donde el investigador combina técnicas, métodos y enfoques, conceptos o lenguaje de las investigaciones cualitativa y cuantitativa en un solo estudio" (Johnson y Onwuegbuzie, p. 17). Es algo más que la suma de dos métodos, es una gestalt, un todo.

Una definición más formal señala que los estudios de método mixto son "aquellos que combinan los enfoques cualitativo y cuantitativo en la metodología de un solo estudio o en un estudio de multifaces" (Tashakkori y Teddlie, 2003, p. 352). La siguiente cita precisa la naturaleza de la combinación para responder apropiadamente las preguntas de la investigación: "Los métodos deben combinarse de tal manera que se complementen las fortalezas de los dos métodos y no se sobrepongan sus debilidades" (Johnson y Turner. En Tashakkori y Teddlie, 2003, p. 352).

A manera de resumen y tratando de juntar el sentido dado por diferentes autores y las investigaciones prácticas realizadas, Creswell (2003) propone la siguiente definición: "Un estudio de método mixto incluye la recolección y análisis de datos tanto cualitativos como cuantitativos en un solo estudio en el cual los datos se recogen concurrente o secuencialmente, se dan según cierta prioridad o dominancia. Incluye, asimismo, la integración de los datos en una o más etapas del proceso de investigación" (p. 212). De esta manera, se obtiene una mejor comprensión del problema.

Así, Creswell, resalta: el uso de los métodos cuantitativo y cualitativo; la dominancia de uno de ellos, según la naturaleza de la investigación y, la integración de los resultados de los dos métodos. Es una interesante propuesta que puede flexibilizarse para responder a las diferentes variantes de la combinación de los métodos. En otro momento, Creswell y Plano Clark (2006) definen los métodos mixtos como "una metodología y un método que incluye recolección, análisis y la combinación de enfoques cualitativo y cuantitativo en un mismo estudio o una serie de estudios".

Johnson y Freshwater (2007) afirman que es un "solo proyecto que incorpora métodos de investigación cualitativa y cuantitativa (y produce una síntesis de hallazgos cualitativos y cuantitativos)".

Johnson, Onwuegbuzie y Turner (2007) invitaron a especialistas y líderes en este campo a presentar su definición de métodos mixtos de investigación. Las 19 respuestas recibidas son analizadas en términos de sus elementos componentes, y se encontró lo siguiente:

- *Lo que se combina*, son las investigaciones cualitativa y cuantitativa (15 de 19 definiciones lo afirman), aunque se solicita que se amplíe a otros tipos de investigación (1 de 19, pide que se permita la inclusión de la investigación histórica y 1 de 19 la inclusión de la investigación con paradigma mixto dentro de la misma).
- *El momento (estadio, lugar) de la combinación*, está dado por la recolección de datos (3 definiciones lo afirman), recolección y análisis de datos (2 definiciones), podría ser en cualquiera de las etapas (momentos) de la investigación (4 definiciones lo mencionan directamente y quizás todas lo hacen indirectamente), análisis y formulación del problema de investigación [1 definición, pero considerada importante por los autores antes mencionados y por Yin (2006)].
- *Amplitud/alcance de la investigación*, tiene una consideración amplia; desde aquellos que centran la combinación en la recolección de datos cuantitativos y cualitativos (e.g. Creswell), los que proponen la posibilidad de combinación en todas las etapas (e.g. Bazeley, Tashakkori y Teddlie), hasta los que proponen combinación de enfoques metodológicos y de lenguaje (e.g. Johnson y Onwuegbuzie, 2004).
- *Razón de su uso*, fundamentalmente, lograr mayor amplitud en el estudio de un problema (7 definiciones) y corroboración (5 definiciones). Las razones dadas para lograr esa mayor amplitud son:
  - Mejor comprensión.
  - Visión más completa.
  - Mayor y mejor descripción.

Con relación a la corroboración, se señala a la triangulación de los hallazgos. Algunos incluyen amplitud y corroboración en sus definiciones, señalando como razones: validar y explicar hallazgos de otro enfoque y producir hallazgos más comprensivos, internamente consistentes y válidos; proveer una comprensión más elaborada y mayor confianza en las conclusiones; manejar las amenazas a la validez y ganar una comprensión más completa y profunda; proveer respuestas más ricas/significativas/útiles a las preguntas de la investigación. Otros han señalado como propósitos: satisfacer las metas del proyecto de investigación y lograr justicia social y evitar la opresión.

* *Orientación de este tipo de investigación*, en la que varios de los consultados señalan el uso del enfoque "de abajo hacia arriba" (bottom up) mediante el cual las preguntas de la investigación orientan a los métodos mixtos y al menos una definición señala el enfoque "de arriba hacia abajo" (top down) mediante el cual el método mixto es orientado por la búsqueda de formas de investigación de carácter emancipatorias, antidiscriminatorias y participativas necesarias para investigaciones en el área de marginación o minorías (mujer, opción sexual, raza, discapacidad, etc.).

A manera de resumen, Johnson y otros (2007) proponen la definición siguiente:

Definición general: "Métodos mixtos de investigación es el tipo de investigación en el cual el investigador o equipo de investigadores combinan elementos de enfoques de investigación cualitativa y cuantitativa (puntos de vista, recolección de datos, técnicas de análisis e inferencia) con el propósito de ampliar y profundizar la comprensión y corroboración". El Anexo A incluye muchas de las definiciones presentadas por los líderes consultados.

Denominación

Este enfoque ha recibido, por parte de diferentes autores, diversos nombres a lo largo de su desarrollo. Creswell y otros (2003) mencionan las siguientes denominaciones: investigación multimétodo-multirasgo (Campbell y Fiske, 1959; Hunter y Brewer, 2003; Morse, 2003), métodos múltiples (Smith, 2008), análisis etnográfico residual (Fry, Chantavanich y Chantavanich, 1981), integración de enfoques cualitativo y cuantitativo (Glik, Parker, Muligande y Hategikamana, 1986-1987; Steckler, McLeroy, Goodman, Bird y McCormick, 1992), interrelación de datos cualitativos y cuantitativos (Fielding y Fieldiny, 1986), triangulación metodológica

(Morse, 1991), estudios triangulados (Sandelowski, 2003), investigación multimetodológica (Hugentobler, Israel y Schurman, 1992), diseños multimétodo y relación de datos cualitativos y cuantitativos (Bryman, 1988; Creswell, 1994; Swanson-Kauffman, 1986), estudios de modelo mixto (Datta, 1994), e investigación de método mixto (Caracelli y Greene, 1993; Greene y otros, 1989; Rossman y Wilson, 1991). Johnson, Onwuegbuzie y Turner (2007) mencionan otras denominaciones que se le asignan a este tipo de investigación: investigación combinada (Thomas, 2003), investigación integrativa (Johnson y Onwuegbuzie, 2004), investigación mixta (Johnson, 2006; Johnson y Christensen, 2004). Sostienen que estas dos últimas propuestas de denominación son amplias y no se limitan a explicitar la combinación de métodos; sino que, deja la posibilidad de otras combinaciones.

Se afirma que el nombre de Métodos Mixtos es el más apropiado, por cuanto implica la idea central de combinar e integrar, relacionar diferentes métodos.

Algunas otras denominaciones se mencionan como alternativa al de método mixto de investigación. Entre ellas pueden mencionarse:

- Investigación multimétodo (multimetodología).
- Diseños de métodos mixtos.
- Modelo mixto de investigación.

Sin embargo, Métodos Mixtos de Investigación tiende a ser el más difundido y aceptado, y el que identifica a este nuevo movimiento de investigación. Al respecto, Walker, Spratt y Robinson (2004) establecen una interesante distinción: el *multimétodo* usa diferentes métodos de recolección y análisis de datos dentro de un mismo paradigma. Así, por ejemplo, en un estudio cualitativo se puede hacer uso de la observación participante, entrevistas, etc., y en uno cuantitativo el cuestionario, récord de notas, etc. Es decir, se hace uso de varias técnicas o instrumentos compatibles con el paradigma usado. (Otros autores, como Morse, consideran que pueden coexistir métodos diferentes, en forma simultánea o secuencial como componentes esenciales de un proyecto de investigación. Cada "subproyecto" es tratado y analizado por separado y los resultados son, luego, integrados). En cambio, los *métodos mixtos*, juntan en un solo proceso métodos de diferentes paradigmas. Son estudios más complejos, de naturaleza confirmatoria y explicativa que demandan el uso de diferentes instrumentos y técnicas en el diseño, ejecución y reporte de la investigación. Sin embargo, otros autores los consideran como sinónimos.

El término "método" tiene una acepción amplia. Según Greene (2006), el término es entendido como "metodología", la que se aplica en diferentes instancias: métodos de recolección de datos (cuestionarios, entrevistas, observaciones, pruebas estandarizadas, etc.), métodos de investigación (experimentos, etnografías, descriptivos, etc.) y asuntos filosóficos relacionados con la investigación (ontología, epistemología, axiología, etc.).

2. Desarrollo de los Métodos Mixtos

Una visión histórica del desarrollo de la propuesta de métodos mixtos es presentada, de manera muy particular, por Creswell, Trout y Barbudo (una visión más amplia y con antecedentes previos aparece en Tashakkori y Teddlie, 2003), A continuación, se incluye una versión resumida de sus aportes.

Desde la aparición de publicaciones sobre investigación cualitativa se inició una confrontación entre ella y la investigación cuantitativa que dominaba la escena de la investigación científica educacional y otras áreas de las ciencias sociales. Otros autores, en cambio, buscaron formas integradoras entre estas dos alternativas de investigar la solución de problemas significativos en la vida y la sociedad. De esta manera, se tiene una mejor percepción, análisis y respuesta a las preguntas de investigación.

Trabajos pioneros son los de John Brewer, (1988), quien publicó en Estados Unidos la obra *Multimethod Research: a Synthesis of Styles*, en Inglaterra el de Alan Bryman, *Quantity and Quality in Social Research*, en el mismo año y el de Jennifer Greene (1989) con su artículo *Research Design: Qualitative y Quantitative Approaches*.

Uno de los pioneros en este esfuerzo es, sin duda, John W. Creswell, profesor de la Universidad de Nebraska. En 1994, publica *Research Design: Qualitative and Quantitative Approaches* (Thousand Oaks, CA: Sage). En esta obra el autor presenta los primeros intentos de conciliar y complementar los dos métodos, así como los primeros intentos de terminología apropiada y tres posibles modelos:

- Diseño de dos fases.
- Diseño de método dominante-menos dominante.
- Diseño de metodología mixta.

El primero de estos tres diseños es el que más perdura y se considera que es más un método que una metodología. Este libro genera expectativa y una apertura interesante en la cual se puede intervenir y aportar.

En 1996, junto a un historiador, Lester Goodchild y un profesor de investigación, Paul Turner, redactan un capítulo de la obra *Higher Education: Handbook of Theory and Research* denominado "Integrated qualitative and quantitative research: Epistemology, history and designs" (New York, NY: Agathon Press). Los autores enfatizan los fundamentos filosóficos (realismo, constructivismo e idealismo) de su propuesta e identifican los pasos prácticos para conducirla. Mantienen los tres modelos señalados anteriormente. Consideran que la teoría que sustenta su enfoque es la llamada "tesis de la unidad".

Sin embargo, al reflexionar sobre esta tesis consideran, posteriormente, que el pragmatismo refleja mejor la concepción filosófica detrás de su propuesta.

Posteriormente, en 1999, Creswell publica en el *Handbook of Educational Policy* un capítulo titulado "Mixed method resarch: Introduction and application" (San Diego, CA: Academic Press). En esta publicación, el autor señala puntos importantes a tener presente para realizar esta investigación:

- Viabilidad.
- Redacción de preguntas de investigación.
- Datos cuantitativos y cualitativos.
- Peso relativo de cada método.
- Dos formas de recolección de datos.

Introduce una nueva clasificación de modelos: de convergencia, secuencial y de construcción de instrumentos. Finalmente, desarrolla dos aspectos de gran utilidad: cómo evaluar estos estudios, y un esquema para presentar trabajos de investigación que incluye la justificación para el uso del método mixto, preguntas referidas a aspectos cuantitativos y cualitativos, el modelo visual del enfoque y la especificación de la relación de los métodos con los paradigmas filosóficos.

Una nueva publicación de Creswell aparece en el año 2002, *Educational Research: Planning, Conducting and Evaluating Quantitative and Qualitative Approaches to Research*, en la cual se esfuerza por ubicar este nuevo método al mismo nivel de los otros enfoques de naturaleza cuantitativa o cualitativa. Hace una comparación de las tres posibles estrategias de investigación: cuantitativa, cualitativa y mixta. Asimismo, presenta una versión revisada de tres diseños simples:

- Triangulación, que consiste en la convergencia de datos de naturaleza cuantitativa y cualitativa.
- Diseño explicativo, en el cual se trabaja inicialmente en datos cuantitativos y luego para explicar los resultados se hace un tratamiento cualitativo.
- Diseño exploratorio, en el cual se inicia la investigación con recolección y tratamiento de datos cualitativos para luego continuar con un estudio cuantitativo en una muestra determinada con el objeto de generalizar los resultados a su respectiva población.

En 2003, el autor presenta la versión revisada y corregida de la obra que publicara en 1994: *Research Design: Qualitative, Quantitative and Mixed Approaches*. Aquí precisa los pasos a seguir en un diseño de investigación: introducción, propósito, preguntas de investigación, hipótesis, teoría, definiciones, limitaciones, significatividad, métodos cuantitativos, métodos cualitativos, métodos mixtos, con los pasos a seguir y las razones para su selección y la perspectiva teórica para elegir las estrategias de investigación.

En el mismo año, en el *Handbook of Mixed Methods in Social & Behavioral Research* editado por Tashakkori y Teddlie, Creswell con otros colegas publica dos capítulos sobre el tema. El primero, junto con J. L. Plano Clark, M. L. Gutmaun y W. E. Hanson, titulado "Advanced mixed methods research designs", presenta una visión ampliada de los diseños. A los tres diseños anteriores (explicativo secuencial, exploratorio secuencial y triangulación concurrente) agregan los siguientes:

- Diseño transformativo secuencial, basado en el término propuesto por Greene y Caracelli (1997), cuando se emplea una sólida base teórica en el método mixto.
- Diseño incluido (nested), el cual es una versión actualizada del diseño dominante-menos dominante que Creswell incluyó en su primera obra. En este diseño uno de los métodos (cuantitativo o cualitativo) predomina y el otro está incluido dentro del primero.
- Diseño transformativo concurrente, guiado por la perspectiva del investigador (teoría crítica, investigación participativa, esquema conceptual o teórico).

Este capítulo en el Manual está redactado de la manera que lo hicieron Campbell y Stanley, presenta fortalezas y debilidades de los diseños. El segundo, junto con Tashakkori, Jensen y Shapley, redacta un capítulo titulado "Teaching mixed methods research: practices, dilemmas and challenges", el cual está dedicado a la enseñanza de este método, y propone una suerte de sílabo para un curso sobre este tipo de investigación.

En 2007, comienza a publicarse el *Journal of Mixed Methods Research*, siendo uno de los medios más importantes de información y actualización sobre la investigación mixta.

Maxwell y Loomis manifiestan que los años 60 son el inicio del interés por los métodos mixtos; en los 80 comienzan a recibir cierta atención y en los 90, a cobrar fuerza su estudio, análisis y discusión. Estos últimos años son de desarrollo y difusión. Actualmente, se reconoce a Campbell y Fiske (1959) como los pioneros en mostrar cómo usar diferentes métodos de investigación con el propósito de validarlos.

Asimismo, se considera que el uso de la triangulación, por parte de los investigadores, trajo como consecuencia la reducción de las tensiones de la "guerra de los paradigmas" y el acercamiento a método mixto.

Es indudable que otros autores han hecho importantes contribuciones, entre los que destacan V. J. Caracelli, J. C. Greene, M. D. Fetters, V. L. Plano Clark, M. L. Gutmann, K. D. Jensen, K. L. Shapley, T. D. Jick, D. Morgan, J. M. Morse, M. Q. Patton, I. Newman y C. R. Benz, C. S. Reichardt y S. F. Rallis, D. M. Mertens, A. J. Onwueghbuzie, etc. Sin embargo, el trabajo de editores y autores del manual de A. Tashakkori y C. Teddlie resaltan de manera significativa.

Un interesante glosario de términos sobre los diferentes aspectos o temas del método mixto de investigación aparece en el Anexo B.

Luego de un proceso de conceptualización, precisión, difusión, desarrollo e implantación, era importante el uso formal en áreas de conocimiento o campos profesionales. Al uso inicial en los campos de antropología y sociología, los campos de medicina y psicología han incorporado este método de investigación. Igualmente, se ha aplicado a las áreas de administración y a las de las organizaciones, así como a la de evaluación de programas (Patton, 1980) y enfermería (Morse, 1991). Queda a otras áreas disciplinarias promover y usar el método mixto como una herramienta poderosa de investigación.

Estos 10-12 años de trabajo intenso y fructífero generaron posibilidades para un nuevo paradigma pragmático de investigación: los métodos mixtos de investigación. Los próximos años, seguramente, permitirán su posicionamiento y credibilidad en el mundo académico y en el práctico. Los aportes bibliográficos de Creswell, así como los de Tashakkari y Teddlie y de Onwueghbuzie entre otros, han generado un mayor interés en este tipo de investigación y se observa la aparición de nuevos autores, publicaciones (libros, artículos, revistas) y ponencias en eventos académicos, etc.

Este promisorio futuro del método mixto lo confirman Tashakkori y Teddlie al afirmar que "los diseños de los métodos mixtos serán el enfoque dominante en el siglo XXI". El método mixto, aún en desarrollo, está probando su estatus de enfoque válido de investigación y generando sus propios diseños, procedimientos y terminología.

3. Características

Desde la década de 1980 algunos autores (Bryman, 1988; Eskeberg y Hill, 1980; Kammerly, 1992; Howe, 1988, McNamara, 1979; Reichardt y Cook, 1979) han argumentado que, a pesar de sus diferencias, los métodos cuantitativo y cualitativo no son mutuamente excluyentes y que el concepto de "paradigma" en la investigación educacional no es apropiado. Como argumentos a su posición (Niglas, 2004) mencionan que:

- Las diferencias entre los métodos, presentados como opuestos diametralmente, no son correctas. En realidad son puntos de una escala continua.

- Existen investigadores cualitativos que mantienen una visión realista, así como investigadores cuantitativos con una visión cercana al idealismo y relativismo.
- Un estudio realizado por Niglas (1999) en 48 investigaciones publicadas en el British Educational Research Journal encontró que más de un tercio de dichos estudios realizaban combinación de métodos. Es decir, los métodos combinados son una realidad.

Los métodos aparecen en forma secuencial o paralela en diferentes momentos de la investigación según las preguntas que pretende resolver la investigación. Los difusores de esta nueva propuesta manifiestan que existen dos argumentos que sustentan el método mixto:

- *La tesis de la compatibilidad*, que afirma que los métodos cuantitativos y cualitativos son compatibles. Por lo tanto, ambos pueden ser usados en un mismo estudio.
- *La filosofía del pragmatismo*, que sostiene que un enfoque mixto es beneficioso en la investigación. Es un enfoque que funciona en el mundo real.

Asimismo, se menciona, actualmente, otro argumento de soporte para el uso de este nuevo enfoque:

El principio fundamental de la investigación mixta, según el cual el investigador debe hacer uso combinado de los dos métodos de tal manera que potencie y complemente sus fortalezas y reduzca sus debilidades. Para ello es necesario que el investigador conozca con certeza las fortalezas y debilidades de los métodos cuantitativos y cualitativos para complementar un método con el otro.

Su uso se hace necesario por la complejidad de los problemas a investigar, las limitaciones de los métodos individuales, el logro de una mayor conciliación entre la teoría y la práctica y la reducción de las contradicciones, entre otros.

El método mixto de investigación representa la "tercera ola" o movimiento en la investigación que tiene como fuente el pragmatismo y hace uso de los procesos de inducción (de lo particular a lo general), de deducción (verificación de teorías e hipótesis) y de aducción (encontrar y defender el mejor conjunto de explicaciones para la comprensión de los resultados) (Johnson y Onwuegbuzie).

Hace uso, apropiado, de las técnicas, procedimientos y formas de los métodos cuantitativo y cualitativo. Por ello, se afirma que es un enfoque de investigación, integrador y complementario. Utiliza las potencialidades de cada método individual para obtener información y comprensión más completa de la situación problema. Así se tiene que, ante resultados cuantitativos obtenidos de ciertos sujetos, puede seguirle la conducción de un estudio de caso para profundizar y explicar mejor los hallazgos.

Con relación al paradigma que sustente este método hay diferentes propuestas o fundamentos para el método mixto de investigación, como una alternativa a los paradigmas asociados a los métodos cuantitativos y cualitativos. Uno de ellos es el paradigma *Transformativo-Emancipatorio* propuesto por D. M. Mertens, quien considera que el fin último de la investigación es la creación de una sociedad más justa y democrática. Por ello, la investigación debe llevar a la promoción de la igualdad social y la justicia de aquellos individuos que sufren discriminación y opresión, y situar el estudio en la realidad con sus múltiples contextos (cultural, económico, histórico, etc.), de esta manera, se responde a los diferentes grupos de una forma apropiada. Asimismo, la relación del investigador con los participantes debe realizarse dentro de un marco de comprensión y confianza.

Otros autores, en cambio, plantean otro paradigma como base de los métodos mixtos. Greene y Caracelli y otros (Maxwell y Loomis, etc.) proponen la *tesis dialéctica*. Rechazan la "guerra de los paradigmas" y más bien consideran positivo el uso de diferentes perspectivas para explicar mejor la complejidad cada vez mayor en una sociedad plural. Para ello, es necesario el pensamiento dialéctico, el cual toma en consideración puntos de vista contrarios y las "tensiones" que puede causar su combinación. Afirma que los diálogos entre paradigmas están dados más por los fenómenos bajo estudio que por premisas filosóficas y que las confrontaciones no son relevantes en una indagación dialéctica. Que las dicotomías de importancia resultan ser valoración-neutralidad, valoración-compromiso, visión interna-visión externa de un fenómeno, particularidad-generalidad, construcción social-evidencias físicas, etc.

Creswell y otros autores piensan que *paradigmas múltiples*, pueden ser usados en los diversos diseños de métodos mixtos. A manera de ejemplo, que el post-positivismo puede ser el mejor paradigma para un diseño secuencial-explicativo que hace uso de métodos cuantitativos, que el paradigma interpretativo puede servir para un diseño secuencial-explicativo que hace uso de métodos cualitativos y que una combinación de paradigmas puede usarse para un diseño de triangulación.

También se señala como posibles paradigmas en un enfoque cualitativo los siguientes: positivista-postpositivista, constructivista-interpretativo, crítico y feminista-postestructural (Denzin y Lincoln, 2000). Schwandt (2000), en cambio, menciona como paradigmas en el campo cualitativo: el interpretativo, el hermenéutico y el social reconstruccionismo.

Desde otra óptica, el pragmatismo ha sido propuesto como el paradigma que ha sustentado la investigación con métodos mixtos. Tashakkori y Teddlie, se encuentran entre los varios autores que defienden esta propuesta. Según ellos, el pragmatismo rechaza la hipótesis de la incompatibilidad de paradigmas y, por lo tanto, permite el uso de métodos cuantitativos y cualitativos en un mismo estudio. Consideran que la fuente principal de la investigación son las preguntas y no los paradigmas excluyentes.

Con el pragmatismo se supera la dicotomía de los enfoques contrapuestos, más aún, la decisión del uso de uno o más enfoques se da en el momento en que la investigación lo exige y no antes, evita discusiones, confrontaciones inútiles e improductivas (al respecto, Guba y Lincoln, 1994 y 2005, están de acuerdo que los dos métodos pueden usarse con cualquier paradigma y que una estrategia de métodos mixtos tiene sentido. Citado por Johnson y otros, 2007). Además, el pragmatismo representa una filosofía de investigación práctica y aplicable.

El trabajo de Tashakkori y Teddlie (2003) presenta un desarrollo más amplio sobre los paradigmas. Igualmente, vale la pena revisar el artículo de David L. Morgan (2007) "Paradigms Lost and Pragmatism Regained: Methodoligical Implication of Combining Qualitative and Quantitative Methods" (*Journal of Mixed Methods Research*, 2007, Vol. 1, 1, 48-76) y el de Noella Mackenzie y Sally Knipe (2006) "Research Dilemmas: Paradigms, Methods and Methodology" (*Issues in Educational Research*, 2006, Vol.

16. On line: http:www.ier.org.au/iier16/mackienze.html. Recuperado el 13/4/2008).

La combinación/integración de los enfoques cuantitativo y cualitativo se presenta en tres niveles: metodológico (enfoques), técnico (métodos) y de información (datos). Se considera que si el propósito de la investigación es claro y existe un cuerpo coherente de marco teórico, se reducen o limitan las posibles tensiones al usar dos métodos diferentes en un solo estudio (Chen, 1997).

Entre los propósitos para usar el método mixto, según Bazeley, se encuentran:

- La confirmación o corroboración de hipótesis, así como la predicción.
- La expansión o explicación de un determinado hallazgo o conocimiento.
- La iniciación de una nueva línea de interés.

Johnson y Onwuegbuzie, por su lado, y en concordancia con lo expuesto por Greene y otros (1989) proponen cinco grandes razones o fundamentos para conducir la investigación con el método mixto:

- *Triangulación*, para buscar la convergencia y corroboración de los resultados de diferentes métodos y diseños que estudian el mismo problema (Validez convergente).
- *Complementariedad*, para buscar elaboración, realce, ilustración y clarificación de los resultados de un método principal o dominante con los resultados de otro método (Validez suplementaria).
- *Iniciación*, para descubrir paradojas y contradicciones que llevan a reformular la pregunta de investigación.
- *Desarrollo,* al usar los hallazgos de un método para ayudar a informar al otro método.
- *Expansión,* en búsqueda de la amplitud y profundidad de la investigación al usar diferentes métodos para diferentes componentes de la investigación.

Lin y Loftis (2005) incluyen la *generación de teoría*, como otro propósito.

De acuerdo con Greene (1989), un estudio de este tipo puede tener uno o más de estos propósitos.

Janice Morse (2003) recomienda que cuando se puede usar el método mixto deben tenerse presentes los principios siguientes:

- Reconocer el foco de propósito teórico del proyecto (describir o descubrir hechos/relaciones, buscar significados o explorar), para determinar la predominancia de un determinado método.
- Reconocer el rol de los otros componentes en el proyecto (explicar, complementar) para determinar las estrategias a usar.
- Adherirse a las premisas metodológicas del método base o fundamental.
- Trabajar con el menor conjunto de datos posibles integrándolos de manera significativa.

4. Reglas de integración de los métodos

Shoveller (2006) propone seis reglas que deben tenerse en cuenta, cuando se investiga con el método mixto:

- Los métodos que se incluyen son consecuencia de las preguntas a responder.
- Cada método responde a un domino empírico particular.
- Un estudio debe sustentarse en proposiciones teóricas que tienen potencial para la investigación empírica.
- La validación mutua y la triangulación complementaria tienen fortalezas y debilidades.
- La convergencia de resultados no prueba la validez.
- Resultados divergentes se deben a errores metodológicos y/o premisas teóricas falsas.

5. Componentes de su diseño

A continuación, se presentan los componentes de los métodos mixtos de investigación. Estos reúnen las características del enfoque cuantitativo y cualitativo, por ello se incluyen según el enfoque al que corresponden. El método combinado hace uso de estas características de acuerdo con el diseño empleado y la naturaleza del problema a investigar (Shoveller):

Componente	Cuantitativo	Cualitativo
Propósitos	– Medición y comparación precisas – Relación entre variables – Inferencias de la muestra a la población	– Significado, contexto, proceso – Encontrar resultados no anticipados – Comprensión de casos únicos – Desarrollo inductivo de teoría
Preguntas de investigación	– Preguntas acerca de la varianza (veracidad de la proposición, presencia o ausencia, grado o cantidad, correlación) – Prueba de hipótesis – Causalidad (de hechos)	– Preguntas de proceso (cómo y por qué) – Significado y contexto (holístico) – Hipótesis como parte del esquema conceptual – Causalidad (física)
Relación	– Objetividad (reducción de influencia de otros factores)	– Uso de la influencia como medio para la comprensión (investigador como parte del proceso)

Muestreo	– Comparaciones válidas
	– Muestreo probabilístico:
	  * Azar simple
	  * Azar sistemático
	  * Estratificado al azar:
	    . Proporcional
	    . No proporcional
	  * Racimo al azar
		– Muestreo deliberado o intencional:
		  * Conveniente
		  * Caso extremo/ desviado
		  * Confirmación/ desconfirmación de casos típicos
		  * Casos homogéneos
		  * Muestreo estratificado deliberado y deliberado al azar
		  * Muestreo oportuno y de cascada

Recolección de datos	– Desarrollo/selección previa – Standarización – Medición, datos cuantitativos y categóricos	– Desarrollo inductivo de estrategias – Adaptación a situaciones particulares – Recolección de material textual/visual/oral

Componente	Cuantitativo	Cualitativo
Análisis de datos	– Numérico descriptivo – Estimación de variables poblacionales – Verificación estadística de hipótesis – Conversión de datos textuales en números o categorías	– Análisis textual (memos, códigos, conexiones) – Teoría de campo – Enfoques narrativos
Validez interna	– Validez de conclusión estadística – Validez de constructo – Validez causal (control de variables extrañas)	– Validez descriptiva – Validez interpretativa – Validez de constructo – Validez causal (identificación y valoración de explicaciones alternativas)
Validez externa	– Generalización	– Transferalidad – Generalización a una teoría

4

Aproximaciones operativas a los métodos mixtos de investigación

Una manera de comprender mejor la naturaleza de los métodos mixtos es mediante el conocimiento de cómo los diferentes autores conciben la integración de los métodos cuantitativo y cualitativo en un estudio.

1. Investigación con los métodos mixtos

Rao y Woolcock (2003) presentan un esquema, adaptado de Hentschel (1999), en el cual se observa la relación de los métodos, cuantitativo y cualitativo, y el tipo de datos que requiere cada estudio. Esto se muestra a través de dos líneas que se cortan y que en sus extremos incluyen los valores posibles para cada eje, tal como aparece a continuación:

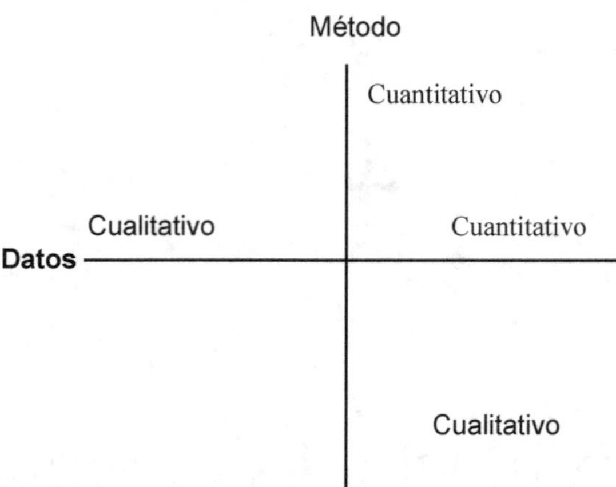

Figura 1: Relación entre método y datos según Rao y Woolcock

De esta manera, se desprenden cuatro posibilidades de combinación (método-dato): cuantitativo-cuantitativo, cuantitativo-cualitativo, cualitativo-cuantitativo, cualitativo-cualitativo.

La combinación de los dos métodos o formas de integración puede ser analizada desde diferentes perspectivas. Bazeley, menciona a Creswell (2003) precisando criterios de integración y organización, tales como:

* *Momento de implementación de los métodos*: según como aparezcan los métodos cuantitativo y cualitativo en la investigación, se puede decir que la forma de integración es:
    - *Secuencial*, cuando un método se usa después del otro, pudiendo ser los resultados del primero insumos del segundo. En todo caso, el orden se establece de acuerdo con los propósitos del estudio.
    - *Paralela o concurrente*, cuando los métodos se aplican simultáneamente y se integran, luego, los resultados. En estudios amplios, se pueden constituir dos grupos de trabajo que investigan haciendo uso de uno de los métodos, pero que se integran en momentos previstos y redactan en conjunto el informe final.
    - *Reiterativo*, cuando los métodos aparecen varias veces, en forma secuencial, según las necesidades del estudio.

* *Énfasis de los métodos*, referido a la ponderación o prioridad que asume cada método. Puede ser:

- *Igual estatus*, cuando los dos métodos asumen igual prioridad en el estudio.
- *Estatus dominante*, cuando uno de los métodos asume mayor prioridad que el otro.

Esta clasificación puede graficarse en una línea continua de la forma siguiente:

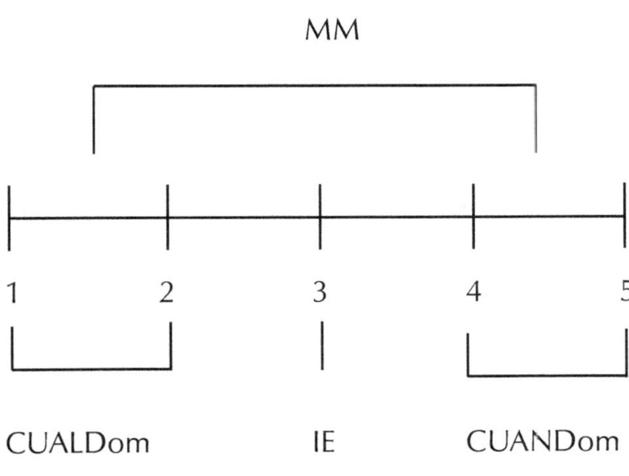

1 = Sólo cualitativo   3 = Mixto "puro"   5 = Sólo cuantitativo

2 = Cualitativo mixto   4 = Cuantitativo mixto

(CUAL + cuan)   (CUAN + cual)

CUALDom = Cualitativo dominante   CUANDom = Cuantitativo dominante

IE = Igual estatus   MM = Métodos mixtos

- *Momento de integración*: referido a la etapa o paso de la investigación en que participa el segundo método. Puede darse en el momento de:
  - Recolección de datos
  - Análisis e interpretación de datos

Las decisiones de integración y organización de los métodos dependen de la naturaleza de la investigación y del juicio y experiencia del investigador. La idea subyacente en esta integración es la visión de complementariedad que ofrecen los métodos en un determinado estudio.

En los últimos años se han tratado de precisar los diseños específicos para la investigación considerando los métodos individuales o puros y los mixtos o combinados. Al respecto, Niglas (2004) presenta un resumen de los diseños según combinaciones con sus respectivas denominaciones:

Autores	Diseños		
	Puros	Combinados	
	Diseños puros: Cuantitativo o cualitativo	*Diseños de Multi-métodos:* Se usan enfoques cuantitativos y cualitativos, pero se mantienen independientes hasta el momento de la interpretación	*Diseños Mixtos:* Elementos de enfoques cuantitativos y cualitativos se combinan de diferentes formas dentro de diferentes fases del estudio
Patton, 1980	Estudio cuantitativo Estudio cualitativo	Triangulación	Diseño de metodología mixta
Mark y Shotland, 1987	Estudio cuantitativo Estudio cualitativo	Triangulación, Modelo de agrupamiento, Multiplicidad complementaria.	
Bryman, 1988	Estudio cuantitativo Estudio cualitativo	Diez maneras diferentes de integración	Híbridos metodológicos
Brewer y Hunter, 1989	Estudio de un método (monométodo)	Estudios multimétodo	Estudios de métodos componentes
Creswell, 1995	Estudio cuantitativo Estudio cualitativo	Diseño de dos fases. Diseño de dominante y menos dominante	Diseño de metodología mixta
Tashakkori y Teddlie, 1998	Estudios de un método (mono-método)	Estudios de métodos mixtos	Estudios de modelos mixtos

La técnica de triangulación merece un pequeño apartado. Aunque se menciona que con las publicaciones del campo psicológico de D. Campbell y D. W. Fiske (1950) se genera el concepto como una suerte de validez de resultados obtenidos por diferentes métodos, se dice que fue N. K. Denzin (1970-1978) quien la popularizó en el campo sociológico del cual fue tomada por el campo educacional. Se quiso de esta manera, con la realización paralela de estudios a través de diferentes métodos, corroborar evidencias, obtener mayor amplitud y/o profundidad que permitiera entender y explicar un fenómeno en estudio. Se ubica así, como un elemento más de la estrategia de los multimétodos (Denzin, 1980´s). En la actualidad, se la considera dentro de los métodos mixtos de investigación. Más aún, se afirma que la triangulación es la forma en que se inicia el desarrollo de los métodos mixtos de investigación.

2.   Tipos de métodos mixtos de investigación

Una clasificación de los métodos mixtos es presentada por Bazeley (2003), basada en la propuesta de Caracelli y Greene. Ésta se enuncia a través de diseños de componentes discretos/ individuales o combinados.

Diseños de componentes: metodológicamente discretos, combinación sólo a nivel de interpretación.

- Triangulación   =   busca convergencia en un aspecto.

- Complementariedad   =   busca resaltar o clarificar un aspecto.

- Expansión   =   considera diferentes aspectos (lado a lado).

Diseños integrados: integra métodos y elementos de diferentes paradigmas.

- Reiterativo (interactivo) =   interacción de diferentes metodologías en el tiempo (estadios / etapas múltiples).

- Incluido / anidado   =   una metodología preparada
  (Nested)   dentro de otra forma diferente
                                            de investigación.

- Holístico   =   metodologías interdependientes tra-
                                            bajando simultáneamente con datos
                                            complejos.

- Transformativo   =   valoración del diálogo a través de
                                            diferentes tradiciones; basado en la
                                            valoración y orientado en la acción
                                            para la modificación de la sociedad.

Por su parte, Creswell identifica tres (3) tipos de diseños mixtos:

- Triangulación   =   Recolecta, procesa e integra datos
                                            de los dos tipos, en forma secuencial
                                            o paralela, para explicar los resulta-
                                            dos.

- Explicativo   =   Recoge datos cuantitativos y luego
                                            datos cualitativos que ayuden a ex-
                                            plicar los cuantitativos.

- Exploratorio   =   El proceso es al revés del diseño an-
                                            terior.

El mismo Creswell combina el momento de aparición de los métodos para presentar seis tipos de diseños mixtos: explicativo-secuencial, exploratorio-secuencial, transformativo-secuencial, triangulación-concurrente, anidado *(nested)*-concurrente y transformativo-concurrente. El cuadro que se presenta a continuación detalla aspectos relevantes de cada diseño.

Tipo de diseño	Implementación	Prioridad	Etapa de Integración	Perspectiva teórica
Explicativo secuencial	Cuantitativa seguida de cualitativa	Generalmente cuantitativa; puede ser cualitativa o igual	Fase de interpretación	Puede estar presente
Exploratorio secuencial	Cualitativa seguida de cuantitativa	Generalmente cualitativa; puede ser cuantitativa o igual	Fase de interpretación	Puede estar presente
Transformativo secuencial	Cualquiera de las dos combinaciones: cuantitativo seguido de cualitativo o cualitativo seguido de cuantitativo	Cuantitativo, cualitativo o igual	Fase de interpretación	Siempre presente (i.e. marco conceptual, defensa, empoderamiento). Su finalidad es promover cambio en lo personal o político
Triangulación concurrente	Recolección concurrente de datos de naturaleza cualitativa y cuantitativa	Preferentemente igual, puede ser cuantitativa o cualitativa	Fase de interpretación o de análisis	Puede estar presente
Anidada (*nested*) concurrente	Recolección concurrente de datos de naturaleza cualitativa y cuantitativa	Cuantitativa o cualitativa	En cualquier fase	Puede estar presente
Transformativo concurrente	Recolección concurrente de datos de naturaleza cualitativa y cuantitativa	Cuantitativa, cualitativa o igual	Generalmente en la fase de análisis; puede ser en la etapa de interpretación	Siempre presente (i.e., marco conceptual, defensa, empoderamiento). Su finalidad es promover cambio en lo personal o político

Creswell y otros (2003, p. 224)

Uno de los tipos que aparece en las publicaciones de Creswell y otros (2003) es el de *Estudio de Método Mixto* en el cual los datos, cualitativos y cuantitativos, se recogen de manera concurrente o secuencial, con una determinada prioridad, e incluye la integración de los datos en una o más etapas del proceso de investigación. Pero hay otras clasificaciones que tratan de ganar espacio entre los estudiosos. Loomis introduce el término "fase o hebra" (*stand*) para hablar de Diseños Monofase y Diseños Multifase.

Tashakkori y Teddlie (2003) consideran a *diseños de métodos múltiples* como una denominación general y englobante de todas las combinaciones o uso reiterativo de un mismo método. Los definen como aquellos diseños en los cuales se hace uso de "más de un método o de más de una perspectiva del mundo". Bajo este "paraguas" denominativo incluye a:

A.   *Diseños Multimétodos*: aquellos que hacen uso de más de un método pero dentro de un mismo paradigma (cuantitativo/cuantitativo o cualitativo/cualitativo). De ellos se desprenden, entonces, los:
- Estudios Cualitativos Multimétodo.
- Estudios Cuantitativos Multimétodo.

B.   *Diseños de Métodos Mixtos*: aquellos que hacen uso de métodos cualitativos y cuantitativos en la recolección de datos, procedimientos o métodos de la investigación. Incluyen dentro de sí a los:
- Métodos Mixtos de Investigación: en los cuales la combinación se presenta fundamentalmente en la etapa de método de la investigación, y mantiene su énfasis (cualitativo o cuantitativo), en las otras etapas (Johnson y Onwuegbuzie, 2006, consideran que la combinación es en toda la investigación).
- Modelos Mixtos de Investigación: en los cuales la combinación se da en una o varias etapas de la investigación.

Sostienen los autores que esta tipología trata de conciliar la terminología asociada a este tipo de investigación y que puede, con la colaboración de otros autores, ser refinada o complementada.

Las diferentes tipologías responden a criterios diferentes de clasificación: secuencia, prioridad del método, etapa de integración, perspectiva teórica, fases, preferencia metodológica de los autores, etc.

Una manera gráfica e interesante de "observar" los modelos mixtos, es presentada por Johnson y Onwuegbuzie de la siguiente forma:

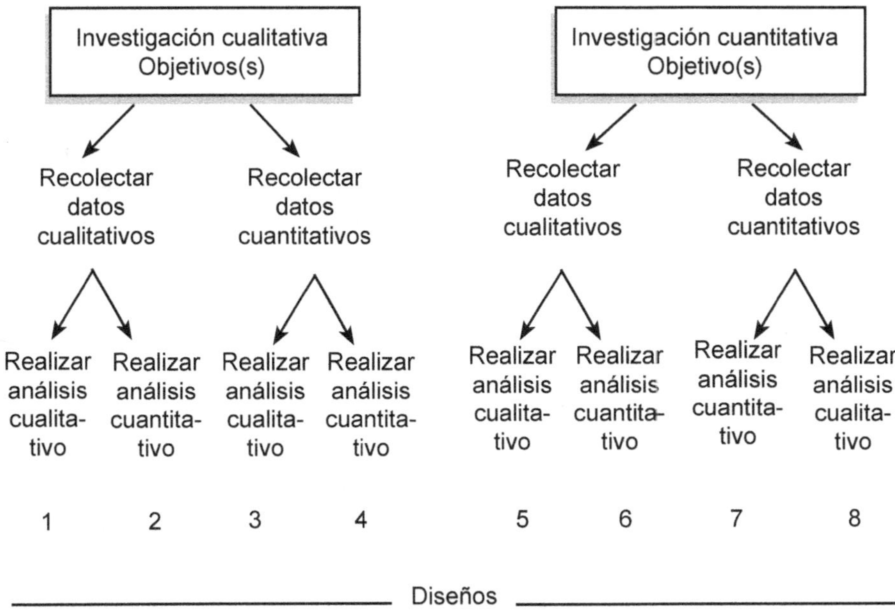

Figura 2: Diseños posibles al combinar los métodos

Se puede observar que los diseños 1 y 8 son diseños de un solo método (cualitativo y cuantitativo, respectivamente). Los diseños del 2 al 7 son diseños de métodos mixtos denominados *a través de etapas*, a diferencia de lo que puede llamarse *dentro de la etapa,* como cuando se aplica un cuestionario de escala cuantitativa junto con preguntas abiertas. Los diseños 2 y 7 no son frecuentes.

El Anexo C, presenta clasificaciones de los Diseños de Método Mixto, según diferentes autores.

3. Representación gráfica de los diseños de métodos mixtos

Existen dos formas de representación gráfica de los diseños de métodos mixtos. Ambas son reconocidas por su utilidad para la previsión de la combinación de los métodos, por la facilidad de uso y por permitir un "lenguaje" de comunicación a los interesados en esta nueva manera de conducir investigaciones.

a. *Modelos Visuales*: Consiste en el uso de figuras geométricas, especialmente rectángulos, elipses y de flechas que unen las figuras. Se atribuye la propuesta de uso de los Modelos Visuales para representar los diseños a Steckler, McLeroy, Goodman, Bird and McCormick (1992) [Toward integrating qualitative and quantitative methods: An introduction. *Health Education Quartely*, 19 (1), 1-8]. Las figuras geométricas explican los procesos a realizar y las flechas la secuencia.

b. *Sistema de Notación*: De acuerdo con Janice Morse (1991, 2003), es un sistema que hace uso de *expresiones escritas*, que pueden estar en mayúsculas o minúsculas para determinar el énfasis o dominancia de un método y *expresiones gráficas*, que pueden ser el signo más (+) para indicar simultaneidad o concurrencia o la flecha (→) para indicar secuencia u orden. Así se presentan los diseños y estas representaciones aparecen para mostrar la forma de combinación de métodos en las investigaciones.

Sin embargo, otros autores incluyen otros elementos en los diseños, tales como el momento de la aparición del otro método (iniciación o desarrollo: formulación de las preguntas de la investigación, la fase de recolección de datos, el análisis de los datos y la interpretación de los resultados), finalidad (complementariedad) y el término de diseños de modelo mixto en lugar de método. Obviamente, no hay un acuerdo aún sobre la representación y denominación de los diseños. Pero, ya se ha avanzado bastante en esa dirección.

Decisión sobre orden temporal

	Concurrente	Secuencial	
Igual status	CUAL + CUAN	CUAL →CUAN CUAN→ CUAL	Leyenda: -"cual" es Cualitativa = "cuan" es Cuantitativa + implica concurrente → implica secuencial
Status dominante	CUAL + cuan CUAN + cual	CUAL → cuan Cual → CUAN CUAN → cual cuan → CUAL	Mayúsculas, es mayor prioridad o peso Minúsculas, es menor prioridad o peso

Decisión sobre énfasis del paradigma (fila izquierda de la matriz)

Figura 3: Matriz de diseños de métodos mixtos usando el sistema de notación

Los diseños son consecuencia de dos decisiones, tal como se observa en la matriz: decisión sobre *Orden temporal* (concurrente, secuencial) y decisión sobre *Énfasis o dominancia* (igual, dominante). En estos diseños los estudios (cuantitativo o cualitativo) se realizan "independientemente" dentro de una investigación. Sin embargo, los hallazgos deben integrarse o mezclarse en algún punto.

Los nueve diseños presentados en la figura 3, no son los únicos. Depende de la creatividad del investigador y de las necesidades de la investigación para generar otros diseños. Por ejemplo, el diseño cual → CUAN → cual y otros. Más aún, podrían generarse diseños que incluyan elementos de modelos y de métodos mixtos de investigación. Esta es una gran oportunidad para el investigador, en contraste con los métodos individuales en donde los diseños ya están definidos y sólo hay que seleccionar uno de ellos.

Para determinar la dominancia o énfasis de un método en un diseño de métodos mixtos, existen diferentes criterios. El primero y más antiguo es el relacionado con el tipo de datos empleados en el estudio (numéricos o textuales). Creswell (1994) considera la distinción entre enfoque inductivo y deductivo como medio para determinar el dominio. Por su lado, Tashakkori y Teddlie (1998) sugieren tres etapas o dimensiones en donde identificar la dominancia: tipo de investigación (exploratoria o confirmatoria), recolección de datos (cualitativa o cuantitativa), y análisis e inferencia (cualitativa o estadística). Guba y Lincoln (1989) llevaron esta decisión a un nivel más alto, filosófico: plantearon el dilema entre constructivismo y positivismo. Maxwell y Loomis (2003), sustentados en las ideas de Mohr, usan la distinción entre "teoría de la varianza", referida a variables, variación, diferencias, relaciones, significatividad, prueba de hipótesis, uso de estadística; y la "teoría del proceso", referida a los eventos que ocurren y sus relaciones, propio de estudios en profundidad, pequeños grupos y formas textuales de datos que se relacionan contextualmente. Mohr (1994), posteriormente, extendió la distinción mediante los términos "causación factual" (cuantitativa) y "causación física" (cualitativa).

Otra manera interesante para visualizar los formatos de los métodos mixtos presentados por Yasmina Katsulis (2003), sustentados en lo propuesto por Creswell (2003) puede ser:

I.   Diseño secuencial exploratorio

A.   Datos/resultados cuantitativos ayudan a la interpretación de hallazgos cualitativos

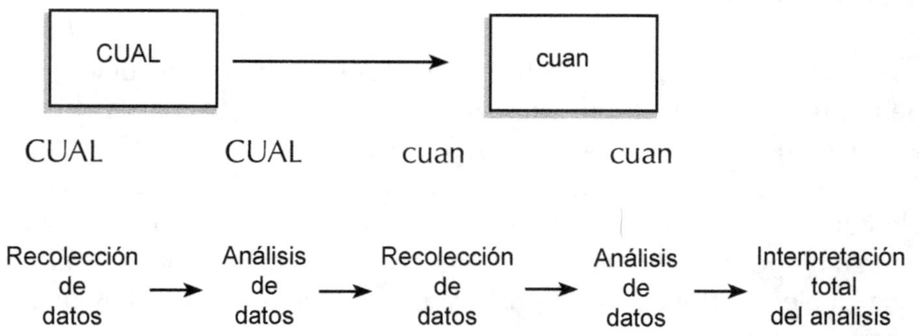

> – El centro de la investigación es *explorar* un fenómeno:
>
> - Valorar elementos de una nueva teoría.
> - Generalizar los hallazgos cuantitativos a otras muestras.
> - Determinar la distribución de un fenómeno dentro de una población elegida.
> - Desarrollar y/o probar un instrumento.

B. Datos/resultados cualitativos ayudan en la interpretación de hallazgos cuantitativos

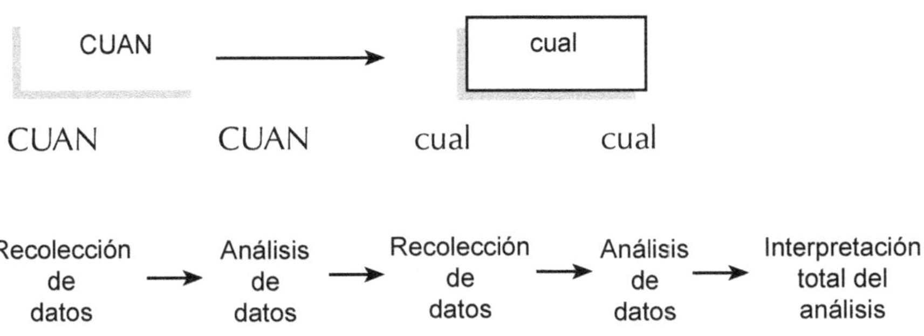

> El centro de la investigación es *explicar* un fenómeno:
>
> - Explicar un resultado en detalle.
> - Explicar e interpretar resultados no esperados.

C. Otras secuencias

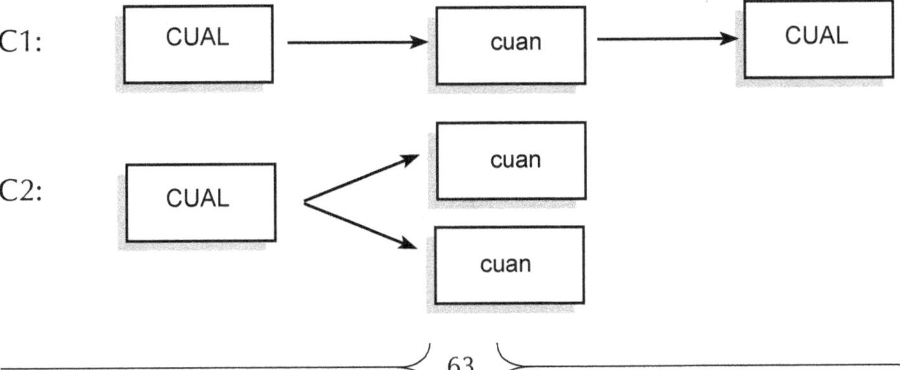

D.   Diseño secuencial transformativo

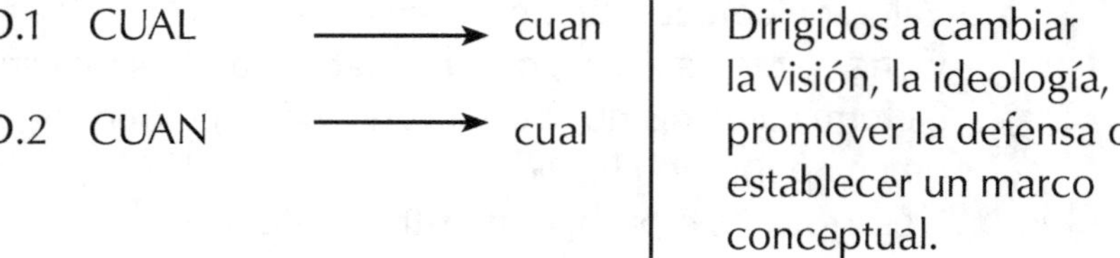

E.   Fortalezas y debilidades de las estrategias secuenciales

E.1   Fortalezas

- Claridad en la secuencia de pasos o etapas.
- Facilidad para la descripción de las etapas y sus resultados.

E.2   Debilidades

- Toma tiempo la recolección de datos, especialmente si todas las fases tienen igual peso o prioridad.

II.   Diseño de estrategias concurrentes

A.   Diseño de triangulación concurrente

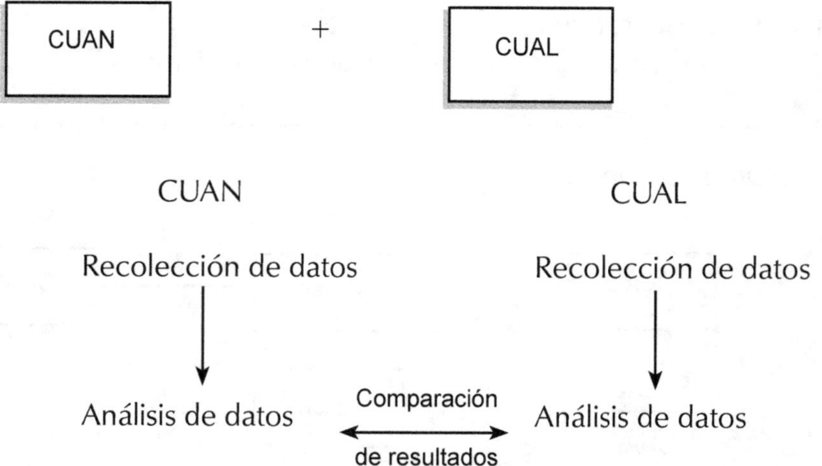

- El propósito principal es *confirmar*, cruzar/validar o corroborar hallazgos dentro de un mismo estudio.

  - Usa métodos separados como medio de comprensión de las debilidades inherentes en un método con las fortalezas del otro.
  - La interpretación busca la convergencia de los hallazgos como una forma de fortalecer los postulados de la teoría o explicar una falta de convergencia.
  - Como fortalezas se mencionan:
    – La familiaridad para su uso,
    – El menor tiempo requerido en la recolección de datos, en comparación con las estrategias secuenciales.
  - Como debilidades se mencionan:
    – Requiere de esfuerzo y experticia (destreza) por parte del investigador.
    – Puede resultar difícil comparar los resultados de los análisis provenientes de dos métodos diferentes.
    – No es muy claro cómo resolver discrepancias en los resultados.

B. Diseño anidado (*Nested*) concurrente

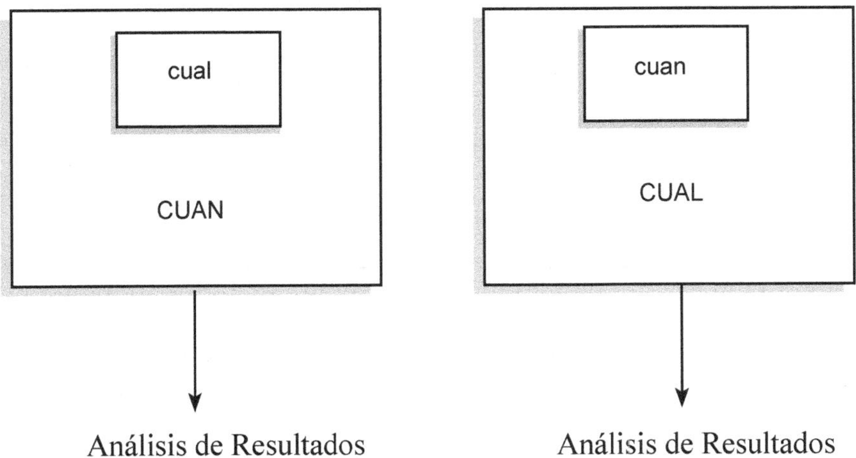

El propósito principal es *obtener* perspectivas amplias que no son posibles de conseguir con un solo método.

- El método incluido (*nested*) tiene menor prioridad y enfoca una pregunta (o aspecto) diferente de la que persigue el método dominante o busca información de diferentes grupos o niveles.
- Como fortalezas se mencionan:
    - Se pueden llevar a cabo simultáneamente.
    - Trae las ventajas de los dos métodos.
    - Puede ser usado para ganar perspectivas desde diferentes tipos de datos o desde diferentes niveles dentro de un estudio.
- Como debilidades se mencionan:
    - Los datos necesitan ser transformados de tal manera que puedan ser integrados.
    - No es claro cómo resolver discrepancias entre los dos tipos   de datos.
    - Los diferentes niveles de peso o prioridad se reflejan en evidencias desiguales (en peso) que pueden afectar los resultados.

C.   Diseño transformativo concurrente

C.1   CUAN + CUAL

C.2

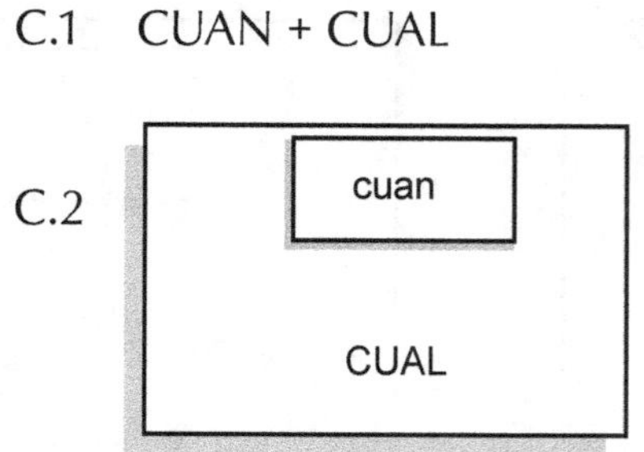

Dirigido a cambiar la visión, la ideología, promover la defensa o establecer un marco conceptual.

Finalmente, Shoveller (2006), sustentado en el trabajo de Steckler y otros (1992), sobre "Modelos visuales", presenta, también, de manera gráfica, la participación de los métodos individuales dentro de un estudio mixto:

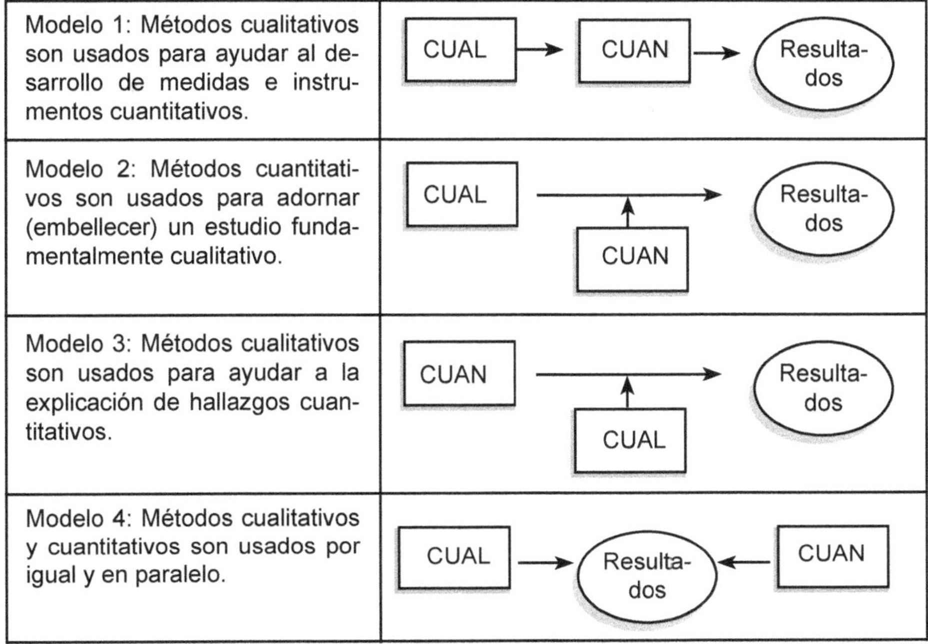

Creswell y otros (2003, p. 218) han resumido la implementación de los diseños según la prioridad expresa, fase de integración de los métodos y la perspectiva teórica de los mismos de la manera siguiente.

Implementación	*Prioridad*	*Integración*	*Perspectiva Teórica*
Concurrente No secuencial	Igual	En la recolección de datos	
Secuencial – Cualitativa Primero	Cualitativa	En el análisis de datos	Explícita
Secuencial – Cuantitativa Primero	Cuantitativa	En la interpretación de datos	Implícita
		Con alguna combinación	

Los métodos mixtos, con sus desarrollos, tal como han sido presentados, comparten características de los métodos que lo conforman; pero, a su vez, muestran sus propios rasgos. El Anexo D, presenta esta comparación.

5

El proceso de la investigación en los métodos mixtos

El proceso de realización de una investigación mixta asume una serie de eventos o pasos. Una secuencia propuesta es la siguiente:

Paso 1: Determinar si un diseño mixto es apropiado.

Paso 2: Establecer la justificación para usar un diseño mixto (de la lista de propósitos de Greene, Caracelli y Graham: Triangulación, Complementariedad, Desarrollo, Iniciación, Expansión).

Paso 3: Seleccionar un modelo o método mixto de investigación.

Paso 4: Recolectar los datos (uso de tests, cuestionarios, entrevistas, grupos focales, observación, data secundaria existente).

Paso 5: Analizar los datos.

Paso 6: Validar los datos.

Paso 7: Interpretar los datos (uso de estrategias tales como la reflexividad y el muestreo de caso negativo: casos que contradicen las expectativas y las explicaciones previas).

Paso 8: Redactar el informe de la investigación.

Una visión gráfica del proceso y sus eventos es la siguiente:

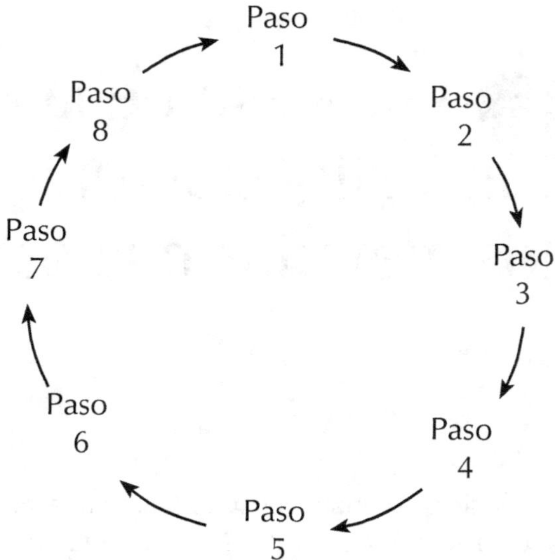

1. El proceso de investigación

Aunque no existe una sola manera de proceder en una investigación, Johnson y Onwuegbuzie presentan una secuencia de eventos aceptados para la realización de este tipo de investigación:

- Determinar las preguntas de investigación.
- Determinar la pertinencia de uso del método mixto.
- Seleccionar un diseño de los modelos o métodos mixtos de investigación.
- Recoger los datos.
- Analizar los datos.
- Interpretar los datos.
- Legitimizar los datos.
- Derivar conclusiones y escribir el informe final.

La versión gráfica de este proceso, según los autores, es tal como sigue:

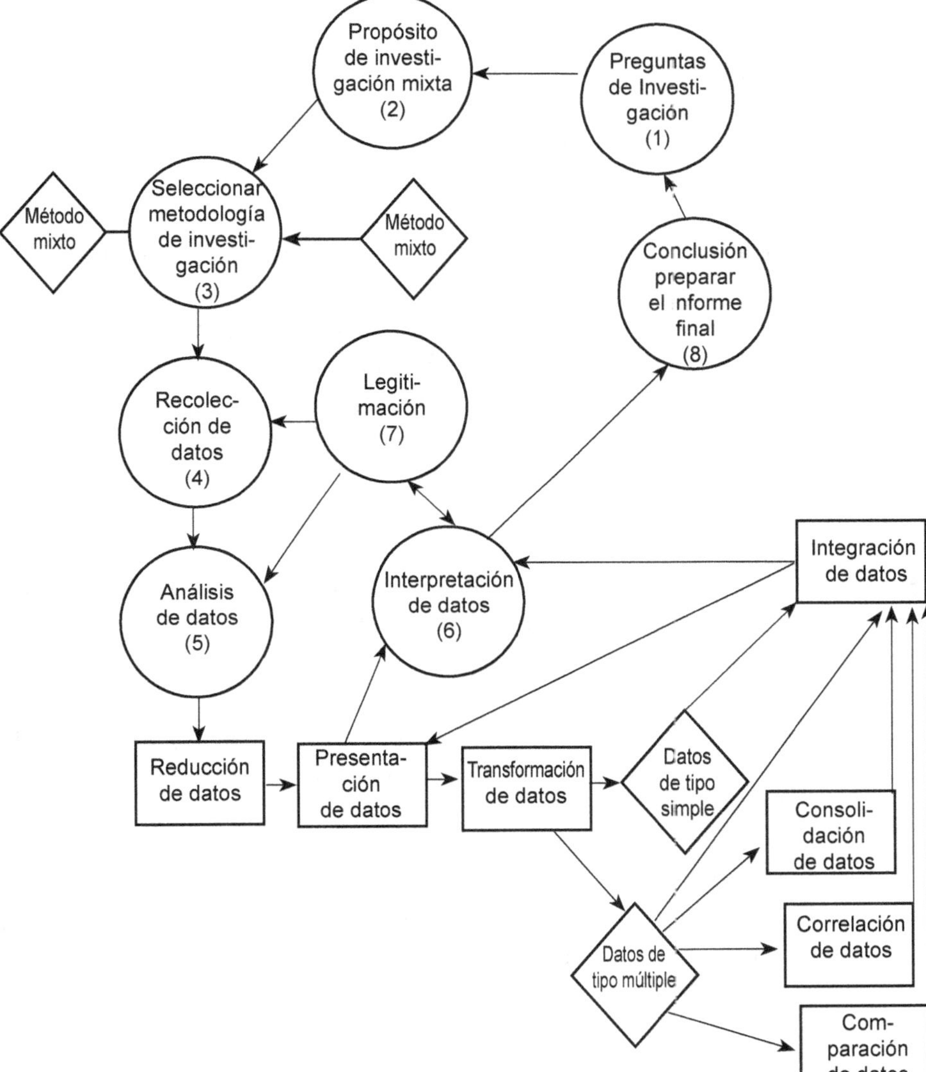

Figura 4: Eventos del proceso de investigación

Nota: Los Círculos representan pasos (1-8) en el proceso de investigación mixta, los rectángulos representan pasos en el proceso de análisis de datos y los rombos representan componentes.

En la figura, se observan siete tipos o etapas en el manejo de datos (Onwuegbuzie y Teddlie, 2003) para ser considerados:

- *Reducción de datos*, que implica la reducción de la frondosidad de los datos cualitativos, a través del análisis exploratorio temático, redacciones cortas codificadas.
- *Representación de los datos*, a través de descripciones pictóricas de los datos cualitativos, como por ejemplo: matrices, diagramas, gráficos, esquemas, listas, categorías de rendimiento, diagrama de Venn, entre otros. Para los datos cuantitativos por medio de tablas, gráficos, etc.
- *Transformación de datos*, considerada como etapa opcional, consiste en convertir los datos cuantitativos en datos narrativos que pueden, por lo tanto, ser analizados cualitativamente (la data se ha "cualitizado" en términos de Tashakkori y Teddlie, 1998) y/o los datos cualitativos se convierten en códigos numéricos que pueden representarse estadísticamente (la data se ha "cuantificado", en términos de Tashakkori y Teddlie).
- *Correlación de datos*, que implica la correlación de datos cuantitativos con cualitativos o cualitativos con cuantitativos.
- *Consolidación de datos*, que lleva a los dos tipos de datos a combinarse para crear un nuevo conjunto de datos o consolidarlos.
- *Comparación de datos*, implica la comparación de los dos tipos de datos.
- *Integración de datos*, en la cual los datos son integrados en una sola unidad coherente o en dos conjuntos separados (cualitativo y cuantitativo) de unidades coherentes.

En el modelo presentado el paso de la *legitimación*, se refiere a verificar la veracidad (validez) de los datos: recolección, análisis e interpretación. La legitimización puede recurrir a realizar estos procesos varias veces hasta descartar las hipótesis rivales en la explicación de los resultados.

2.   Recolección y procesamiento de datos

Un aspecto importante en el uso del método mixto resulta ser el de los datos, el cual debe ser resuelto con cuidado. A continuación, se desarrollan algunos aspectos relacionados con los datos.

La muestra: la primera dificultad se encuentra al determinar el tamaño de la muestra, pues el número de sujetos requeridos por los métodos cuantitativo y cualitativo difieren entre sí. Mientras que el primero exige un gran número que permita usar la correlación y la estadística inferencial y así poder realizar generalizaciones, el segundo método exige un número pequeño de sujetos, en algunos casos un sujeto, para estudiar en detalle un aspecto de interés. Algunos tests estadísticos, requieren un mínimo de sujetos. Por ejemplo, el Chi-Cuadrado pide un número de 20 o más sujetos, lo mismo que el Análisis de Varianza (ANOVA). Este es un problema complicado que debe ser resuelto en función del propósito de la investigación y la posible generalización de resultados. La muestra, entendida en su concepción original en los métodos independientes, no corresponde a lo que se demanda en la aplicación de los métodos mixtos. En este caso, debe manejarse con mayor flexibilidad y criterio, así como hacer uso de diferente número de sujetos según aparezca el método individual en el diseño o el tipo de método mixto seleccionado.

El muestreo es un asunto que tiene consideraciones de tipo pragmático, en el que hay que combinar lo deseable con lo posible. Curtis, Gesler, Smith y Washburn [(2000), citado por Kemper, Stringfield y Teddlie (2003), p. 275-276], sostienen que una estrategia de muestreo debe estar sustentada en cinco criterios:

- La estrategia de muestreo debe derivarse lógicamente del marco conceptual, así como de las preguntas de investigación previstas en el estudio.
- La muestra debe ser capaz de generar una base de datos completa del tema en estudio.
- La muestra debe permitir derivar inferencias claras y explicaciones creíbles de los datos.
- La estrategia de muestra debe ser ética.
- El plan de muestreo debe ser realizable.

Kemper y otros (2003) añaden dos criterios más:

- El plan de muestreo debe permitir, al equipo de investigadores, transferir/generalizar las conclusiones del estudio a otros ambientes o poblaciones.
- El esquema de muestreo debe ser tanto eficiente como práctico.

Técnicas de muestreo	
Probabilístico	Deliberado

– Simple
– Sistemático
– Estratificado:
  * Proporcional
  * No proporcional
– Racimo
	– Conveniente
	– Caso extremo/desviado
	– Caso confirmatorio/no confirmatorio y
	  caso típico
	– Caso homogéneo
	– Estratificado y aleatorio-deliberado
	– Oportunista y cascada

Patton (1990) incluye otras técnicas de muestreo deliberado: de intensidad, de máxima variación, caso crítico, de criterio, de constructo operacional y casos políticamente importantes.	

Figura 5: Técnicas probabilísticas y deliberadas de muestreo
(Kemper y otros, 2003, p. 278)

Teddlie y Yu (2006) proponen como estrategias de muestreo para los métodos mixtos, las siguientes:

- *Estrategias simples*, que incluyen al muestreo estratificado, deliberado (intencional) (en estratos/grupos definidos se selecciona deliberadamente en número pequeño de casos) y al muestreo probabilístico y deliberado (muestra probabilística de un número pequeño de unidades/sujetos de una población mayor).
- *Muestreo secuencial*, para aquellos diseños en los que los métodos CUAN y CUAL aparecen uno después de otro en un orden determinado. El más frecuente es el de CUAN → CUAL. En este caso, la muestra usada para el método CUAN sirve como referencia para el muestreo de CUAL; o sea, su muestra es un subconjunto de la muestra CUAN seleccionada de acuerdo con ciertos criterios para tener representatividad.
- *Muestreo concurrente*, a través de dos posibles opciones. En la primera, se hace un muestreo probabilístico y deliberado a la vez, pero de manera *independiente uno de otro*, y la segunda opción, consiste que dentro de *un solo* muestreo se hace uso de las técnicas probabilísticas, deliberadas, obteniéndose una muestra para ser usada por el Método CUAN como por el CUAL.
- *Muestreo multinivel*, aplicable a situaciones de organizaciones en las cuales las diferentes unidades de análisis están representadas

por los niveles jerárquicos (u otros) de la institución. Los niveles "menores" están incluidos (*nested*) dentro de los "mayores". Un ejemplo es el sistema educativo (nacional, regional, distrital, local, escuela, docentes, alumnos, etc.). De acuerdo con el interés de la investigación, se usan técnicas probabilísticas y/o deliberadas en cada nivel.

Finalmente, los autores mencionados, sugieren las siguientes pautas:

- La estrategia de muestreo debe derivarse lógicamente de las preguntas e hipótesis de investigación del estudio.
- Las premisas implícitas en el muestreo probabilístico y el deliberado deben ser observadas por el investigador.
- La estrategia de muestreo debe permitir ampliar la base de datos tanto para el método CUAN como el CUAL.
- La estrategia debe permitir derivar claras inferencias desde los dos métodos.
- La estrategia de muestreo debe ser ética.
- La estrategia debe ser factible (posible) de ser realidad y eficiente en términos de demanda de esfuerzo y energía.
- La estrategia debe permitir transferir o generalizar los resultados.
- La estrategia debe ser escrita en detalle de tal manera que permita ser entendida por otros y seguida en otros estudios.

Recolección de datos: la recolección de datos, según el método individual predominante y diseño mixto en aplicación, puede tomar muchas formas. En términos generales, los datos en un método mixto son de naturaleza *narrativa* y *numérica*. Por ejemplo, Yasmina Katsulis (2006) presenta un interesante gráfico que ilustra el proceso de recolección de datos:

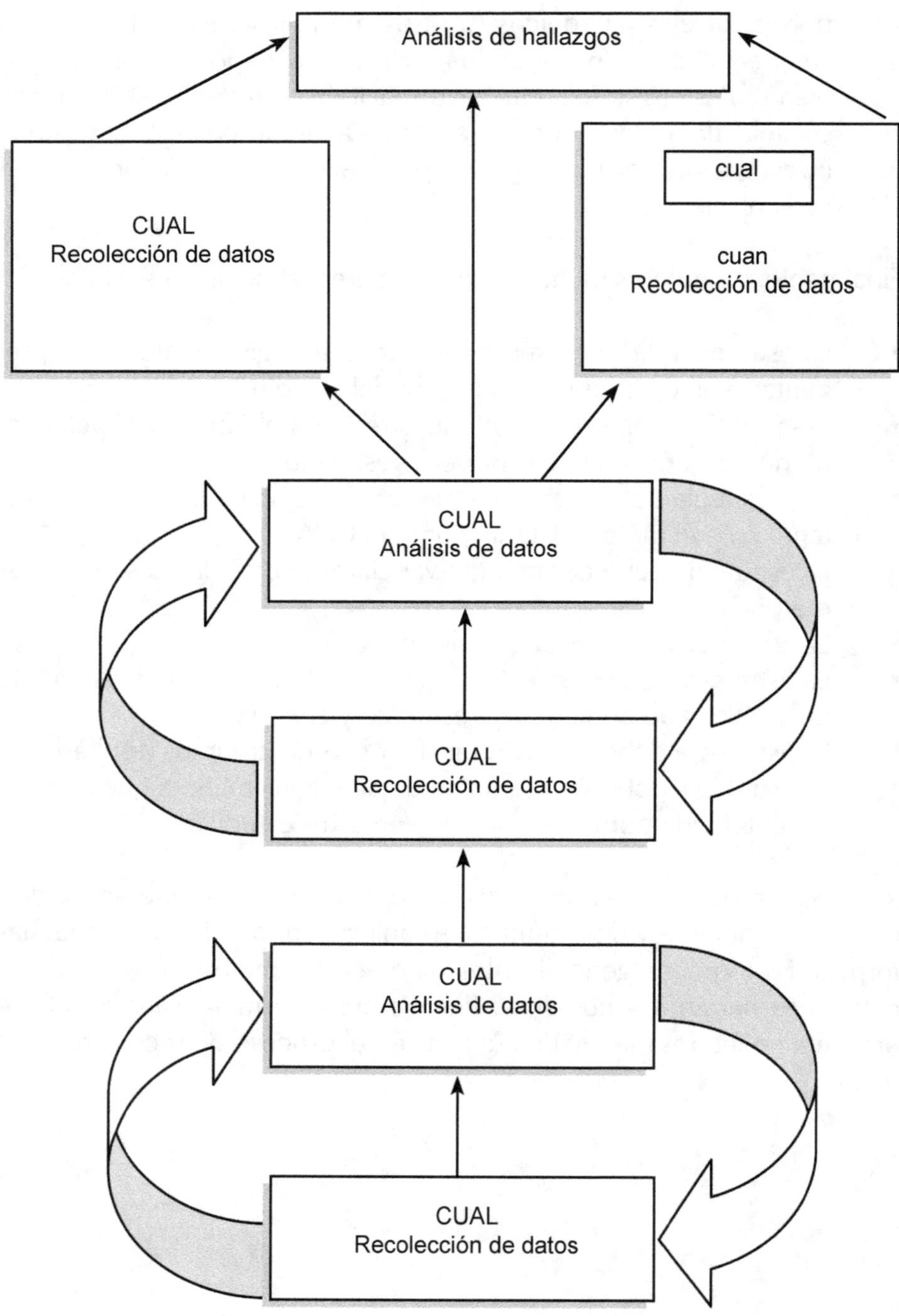

Figura 6: Recolección y análisis de datos

De acuerdo con el gráfico anterior, hay dos etapas de trabajo cualitativo. Cada una está compuesta de dos momentos en los que se analizan datos y se retroalimentan entre sí (las flechas gruesas lo ilustran) para llegar a precisar y direccionar la investigación, la cual se define con un peso cualitativo y complementada con una cualitativa más focal que lleva incluida (*nested*) una cuantitativa, ambas de menor peso (recuadros paralelos).

Los instrumentos de recolección de información deben seleccionarse o construirse de acuerdo con la naturaleza de la investigación.

La misma autora ilustra gráficamente la aplicación de instrumentos de un método mixto en diferentes etapas.

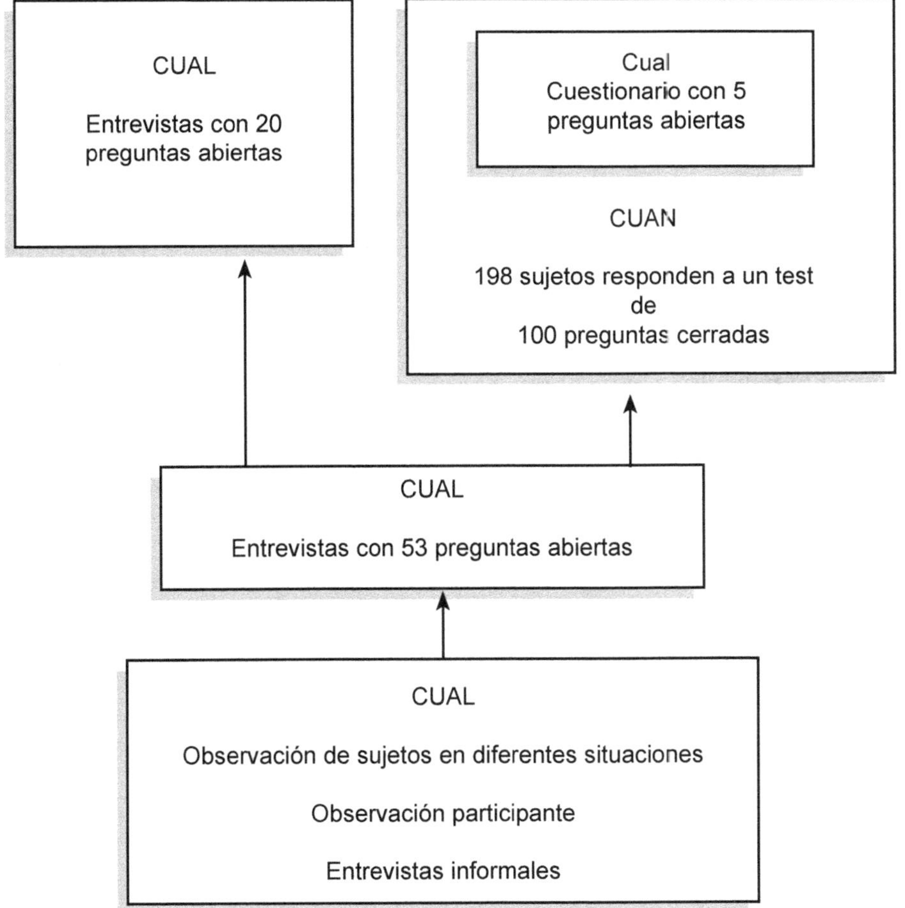

Figura 7: Aplicación de instrumentos de recolección de datos

A continuación, se presentan dos situaciones más que ilustran el uso de los dos métodos originales dentro de un método mixto.

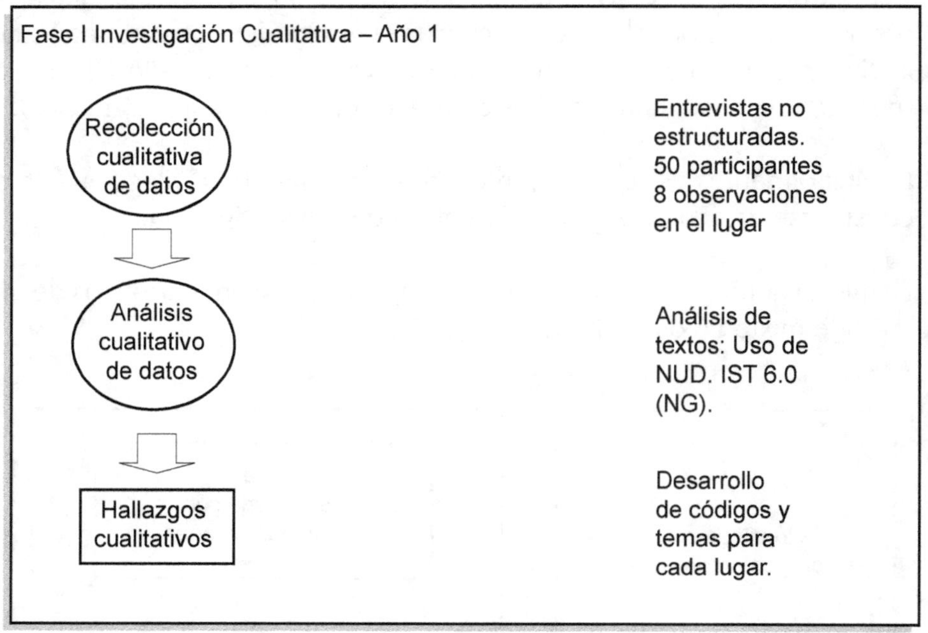

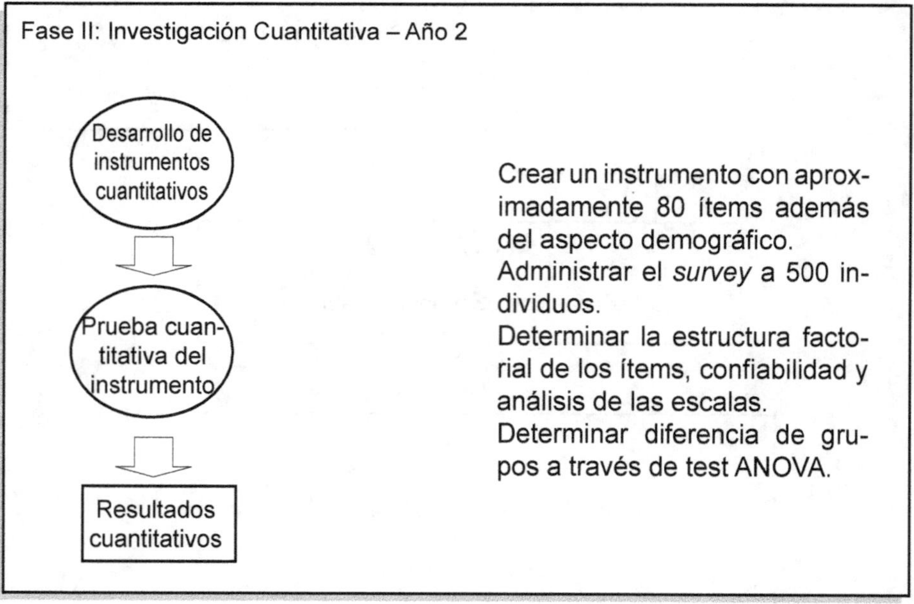

Figura 8: Visualización elaborada para procedimientos de los métodos mixtos de investigación (Creswell y otros, 2003, p. 235)

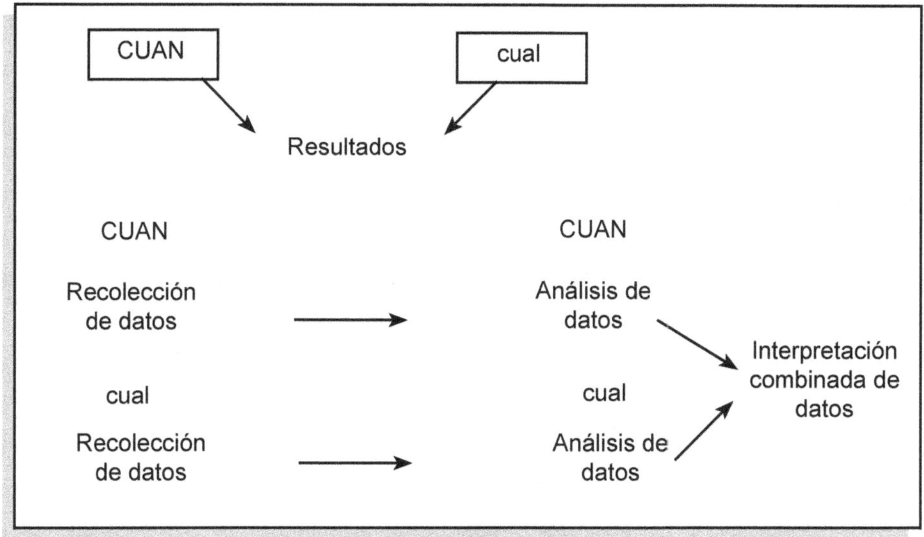

Figura 9: Visualización del diseño de triangulación concurrente usado por Hossler y Vesper (1993) (Creswell y otros, 2003, p. 236)

Existe gran variedad de instrumentos y técnicas de recolección de datos para ser usados: estandarizados y creados especialmente para el estudio en cuestión. Entre los más conocidos se pueden mencionar los siguientes:

- Cuestionarios (cerrados, abiertos, semiestructurados).
- Entrevistas (pautada, libre, en profundidad).
- Grupos focales.
- Test (seleccionados, elaborados).
- Pruebas específicas.
- Observación (no participante, participante, dirigida, libre).
- Fuentes secundarias (documentos, datos físicos, investigaciones previas, informes, fotografías, artículos impresos, etc.).

El procesamiento: lo más complicado en el procesamiento es el tratamiento estadístico de los datos de naturaleza cualitativa. Los autores afirman que se pueden "cuantificar" estos datos a través de categorías y codificaciones numéricas. De esta manera, pueden usarse los diferentes tests y herramientas estadísticas ganando así mayor precisión en determinación de tendencias, patrones y dimensiones que no son evidentes con datos cualitativos.

Katsulis, hace un deslinde muy ilustrativo al respecto.

Según los métodos, los análisis son:

- *Con el método cuantitativo*: se hace uso de la estadística descriptiva y la inferencial.
- *Con el método cualitativo*: análisis descriptivo y temático haciendo uso de texto e imágenes.
- *Con (entre) los dos métodos*: además de los propios de cada método, se proponen los siguientes:
    - Transformación de datos
        * Cuantificando datos cualitativos mediante códigos, frecuencias, etc.
        * Cualificando datos cuantitativos mediante escalas nominales o descripciones.
    - Exploración de valores extremos (outliers)
        * Seguimiento cualitativo para ganar mejor comprensión de casos que difieren del grupo, en el tipo secuencial.
    - Desarrollo de instrumento
        * Análisis narrativo para generar ítems y tomas para escalas que permitan crear un buen instrumento para realizar una encuesta.
    - Examen de niveles múltiples
        * Conducir encuestas para obtener información del grupo y entrevistas a individuos para explorar aspectos específicos dentro del grupo.

Sin embargo, Bazeley nos advierte que para el uso de estadísticas debe tenerse en cuenta que cada técnica requiere de ciertas premisas que deben ser cumplidas, así como algunas reglas prácticas de la investigación que deben observarse. Por ejemplo:

- Conocimiento de la distribución poblacional y normalidad de la misma. En el caso de "conversión" de data cualitativa a cuantitativa, no es posible cumplir los requisitos.

- Uso de estadística descriptiva, la media aritmética es la más usada en el enfoque cuantitativo, pero para el reporte descriptivo es preferible la mediana.
- Multicolinearidad, puede aparecer con data cualitativa al tener observaciones que no son independientes entre sí.
- Categorías mutuamente excluyentes, no siempre pueden constituirse para aplicar el Chi-Cuadrado.
- Normalidad y aleatoriedad, no se puede conseguir una data cualitativa "convertida" para el uso de técnicas multivariadas.
- Uso o eliminación de valores extremos (outlier), en el enfoque cuantitativo se prefiere ignorar/eliminar estos valores para el cualitativo; resulta de sumo interés.
- Valor de la "varianza", en el caso cuantitativo la meta es su explicación, en el otro se usa para explicar el desarrollo o modificación de teorías.

Por ello, de acuerdo con Bazeley, el investigador que conoce todo lo anterior, entiende las consecuencias de no cumplir estos criterios y los toma en cuenta al momento de arribar y encontrar sus hallazgos. Como puede observarse, el procesamiento es algo complicado, laborioso y demanda el conocimiento del procesamiento de los dos tipos de datos. Por ello, se sugiere el trabajo en equipo de investigadores competentes en cada método.

Herramientas para el procesamiento

Pat Bazeley (2003) hace un recuento interesante relacionado con el análisis de los datos. Afirma que los datos (cualitativos y cuantitativos) propios de los métodos mixtos deben ser procesados y analizados apropiadamente. En el área cuantitativa existen programas estadísticos de gran aceptación y uso. Entre ellos se encuentran: SPSS, SYSTAC, etc. En el área cualitativa, se ha intentado "cuantificar" los datos mediante el uso de códigos que permitan "numeralizar" los datos cualitativos y así poder hacer uso de los paquetes estadísticos conocidos. Pero, además, se han creado otros programas que permiten "procesar" texto. Bazeley (2003) menciona un procesador de texto (NUD*IST) y un codificador de texto (NVivo) como herramientas computarizadas útiles en el campo cualitativo. Igualmente, cita otros programas útiles en la redacción del informe

(EndNote y ProCite). Algunas otras formas, cualitativas, de procesamiento para el análisis de datos son los siguientes (Bazeley, 2003):

* *Análisis de cadena social*: Expresa una representación gráfica de aspectos relacionados que permite una cuantificación de información cualitativa o una interpretación cualitativa de información cuantitativa. El autor sugiere que son las dos cosas.
* *Cadenas de mapas semánticos*: Son mapas semánticos de conceptos derivados del análisis de contenido.
* *Mapas cognitivos y análisis cualitativo*: Es un "árbol jerárquico" que establece relaciones entre conceptos. La información procesada por NUD*IST o NVivo puede incorporarse al programa "Decision Explorer" que realizará y presentará el árbol a manera de un árbol de conceptos. También se menciona a HyperRESEARCH y XSight2 como otros programas de análisis de datos para ser usados.

Aunque aún hay mucho por crear en términos de software, existen, algunos programas diseñados para ser usados con los métodos mixtos de investigación. Entre ellos pueden mencionarse los siguientes:

* WinMAX, creado por V. Kuckartz, para la cuantificación de estudios de casos.
* Método de análisis cualitativo comparativo (QCA), creado por Ragin (1987, 1995) para desarrollar tipologías y entendimientos relacionados a la vez de retener la riqueza del caso cualitativo.
* Análisis de datos cualitativos (QDA) creado para el análisis textual, en el cual se "convierte" data cualitativa en códigos cuantitativos para poder usar el análisis estadístico.

Análisis de datos

Se le llama también *Análisis Mixto de Datos* y se entiende como "el uso de técnicas analíticas cuantitativas y cualitativas, de manera concurrente o secuencial, en alguna etapa del estudio. Comienza con el proceso de recolección de datos, procesamiento y su consecuente interpretación ya sea en forma paralela, integrada o interactiva". Coexisten los dos procesamientos: cuantitativo (análisis estadístico) y cualitativo (análisis de contenido, narrativa, etc.).

Un aspecto importante en toda investigación es el relacionado con la validez. Al respecto, Onwuegbuzie y Teddlie (2003, pp. 354-355) manifiestan que *legitimización* es el término equivalente a *validez*, usado en los dominios cualitativo y cuantitativo.

* En el campo cualitativo, Maxwell (1992) considera cinco tipos de validez:
* *Validez descriptiva* (relación precisa y documentada de los hechos).
* *Validez interpretativa* (comprensión de los hechos y acciones del grupo en estudio).
* *Validez teórica* (grado de relación entre la teoría y los datos).
* *Validez evaluativa* (cuando un esquema evaluativo es preferido a otros)
* *Capacidad de generalización* (a otros ambientes, individuos/grupos, tiempos y contextos).
* En el campo cuantitativo, el trabajo pionero de Campbell y Stanley señala factores que afectan la *validez interna* (historia, maduración, medición,...) y el de Smith y Glass indica los factores que afectan la *validez externa* (validez de población: interacción entre la selección y el tratamiento; validez ecológica: efectos del experimentador, tratamientos múltiples, interacciones varias, y validez de operaciones: especificidad de variables, sensibilización al pretest).

La legitimización permite combinar maneras de procesar información. Por ejemplo, datos cualitativos pueden ser *cuantificados*, convertidos a ciertos códigos para ser procesados estadísticamente. De igual manera, se pueden *cualitizar* datos numéricos para ser tratados cualitativamente.

Onwuegbuzie y Teddlie (2003, pp, 354-355), sugieren que antes de iniciar un análisis de datos provenientes de un método mixto deben tenerse presentes las 12 decisiones siguientes:

1. *Propósito*: según Greene y otros, hay cinco propósitos: triangulación, complementariedad, desarrollo, iniciación y expansión.

2. *Análisis orientado a variable o a caso*: con implicancias en el tipo de análisis.

3. *Técnicas analíticas de datos exploratorias o confirmatorias.*

4. *Tipo de datos a usar.*

5.   *Relación entre datos de tipo cualitativo y cuantitativo.*

6.   *Premisas sobre los datos*: se sabe que en el campo cuantitativo deben observarse las consideraciones sobre normalidad, independencia y homogeneidad de la varianza. El campo cualitativo es más complejo y ha merecido poca atención. No obstante, se sugiere poner atención en el muestreo de lo investigado, lo cual se determina por medio de la verificación del grado de observación persistente, compromiso prolongado y/o triangulación al que han sido sometidos los datos.

7.   *Fuente de desarrollo de la tipología*: la construcción de categorías de análisis puede provenir de: la investigación, los participantes, la literatura/teoría, la interpretación y los programas, derivados de sus metas/objetivos.

8.   *Fuentes de denominación para el desarrollo de la tipología*: pueden ser los presentados en el numeral anterior.

9.   *Fuente de verificación para el desarrollo de la tipología*: al respecto, Constas (1992) propone seis fuentes de verificación: *racional*: uso del razonamiento y la lógica; *empírica*: cobertura, diferenciación y exclusividad de las categorías; *técnica*: lenguaje y conceptos del área cuantitativa (e.g., confiabilidad entre evaluadores/*raters*); *participativa*: a cargo de los participantes; *referencial*: usando otros hallazgos, esquemas teóricos; y *externa*: a través de panel de expertos.

10.   *Designación temporal para los procedimientos analíticos de datos*: decidir si las categorías se crean a posteriori, a priori o reiterativo.

11.   *Herramientas para el análisis de datos*: referido al uso de computadoras y programas estadísticos.

12.   *Proceso de legitimización*: mirar las fuentes que afectan la validez interna y externa (cuantitativa) y la validez en las formulaciones textuales (cualitativa). De ellas deben verificarse las que reconsideran más pertinentes para el estudio.

Formato del diseño

Maxwell y Loomis (2003) proponen la estructura siguiente como esquema de un diseño de investigación de los métodos mixtos.

1.   Propósito

Está referido a las metas del estudio, los asuntos a investigar o los aspectos a influenciar; asimismo, al valor del estudio. Los propósitos pueden ser de naturaleza personal, práctica o intelectual, los que tendrán impacto en el resto de la investigación.

2.   Marco conceptual

El cuerpo teórico y conocimiento práctico que guía la investigación que se encuentra en la literatura especializada sobre el tema, la experiencia personal, otros estudios y otras fuentes. Este componente precisa la teoría que el investigador ha desarrollado o está desarrollando acerca de los asuntos bajo estudio.

3.   Preguntas de investigación

¿Qué se pretende resolver, qué se pretende comprender?

4.   Método(s)

Incluye el procedimiento que se va a emplear, enfoques o técnicas de recolección y análisis de datos y la forma de su integración en una estrategia. En este acápite se considera: a) la relación que el investigador establece con los participantes en el estudio; b) la selección de los ambientes, participantes, lugares y tiempos de recolección de datos y otras fuentes, tales como documentos (lo que se acostumbra llamar "muestreo"); c) métodos de recolección de datos y d) estrategias y técnicas de análisis de datos.

5.   Validez

Para determinar la veracidad de las conclusiones y explorar otras posibles explicaciones. También, para identificar posibles fuentes que afectan a las potenciales conclusiones del estudio y la forma de enfrentarlas.

La relación de estos componentes del diseño con otros factores, es representada gráficamente de la manera siguiente.

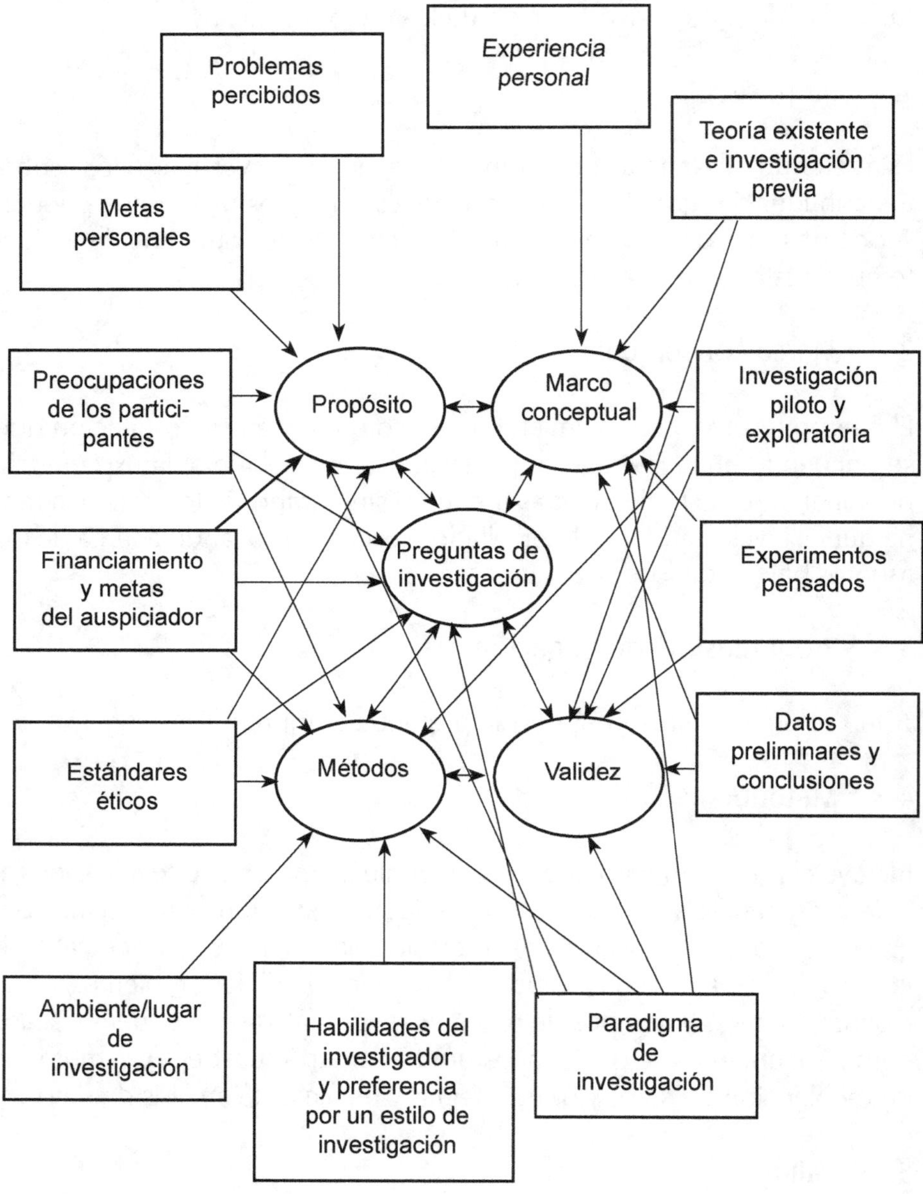

Figura 10: Modelo interactivo de diseño de investigación y sus factores contextuales (Maxwell y Loomis, 2003, p. 241).

La aplicación del Modelo del Diseño en una situación particular se adjunta a continuación.

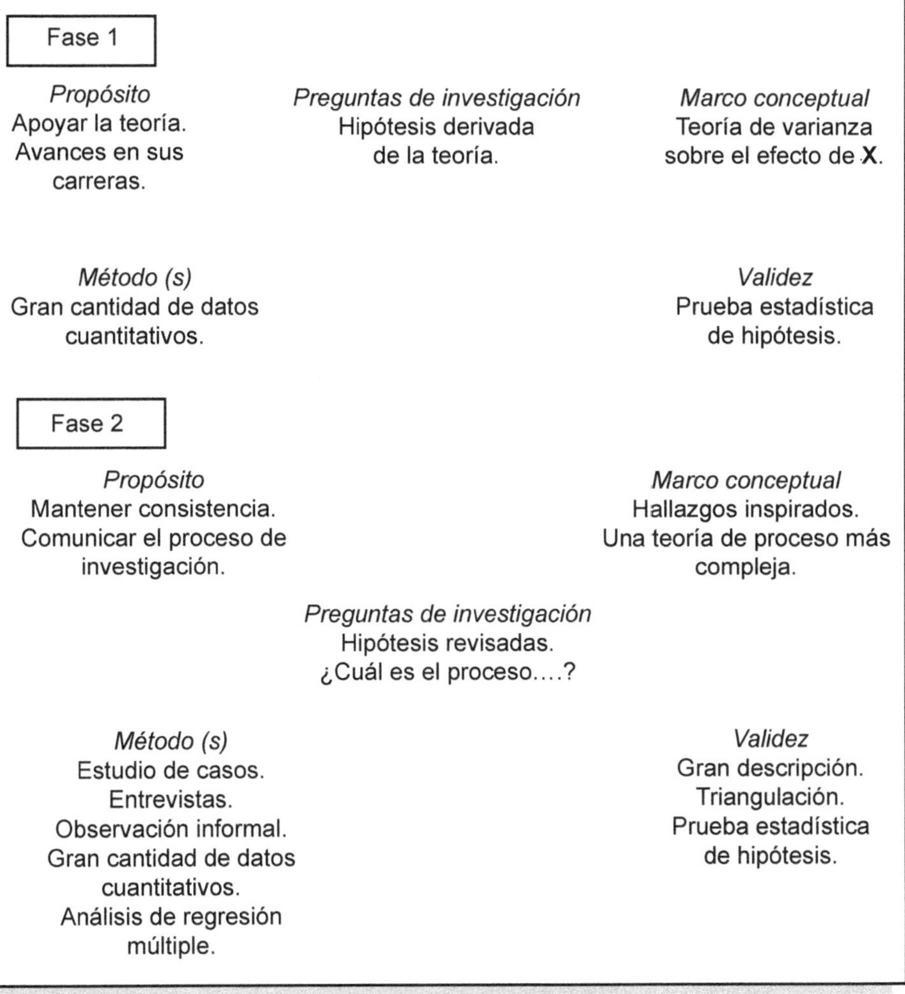

Figura 11: Mapa del Diseño del estudio de Sutton y Rafaeli
(en Maxwell y Loomis, 2003, p. 259)

El Anexo E presenta una relación de formatos de acuerdo con la naturaleza del tipo de investigación incluyendo el método mixto.

6

Otros aspectos relacionados con los métodos mixtos

Los métodos mixtos "resuelven" el conflicto generado y promovido por los defensores de los métodos cuantitativos y cualitativos. La probabilidad de desarrollo de esta alternativa es muy alta y genera gran interés, entusiasmo y desafío. Sin embargo, hay que tener presentes aspectos importantes en su adopción y aplicación.

1. Fortalezas y debilidades

Johnson y Onwuegbuzie mencionan las siguientes:

A. Fortalezas

- Se pueden usar palabras, imágenes/figuras y narración para añadir significado a los números.
- Los números pueden usarse para añadir precisión a las palabras, imágenes y narración.
- Lleva consigo las fortalezas de las investigaciones cuantitativa y cualitativa.

- El investigador puede generar y verificar teorías de campo.
- Puede responder un mayor y más completo rango de preguntas.
- Las debilidades de un método pueden ser compensadas por las fortalezas del otro.
- Las evidencias pueden ser más sólidas para una conclusión a través de la convergencia y corroboración de hallazgos.
- Puede añadir ideas y comprensión que se pueden generar al usar un solo método.
- Puede ayudar a aumentar la generalización de los resultados.
- Produce un conocimiento más completo para informar a la teoría y a la práctica.
- Presenta una mayor diversidad de puntos de vista.

B.   Debilidades

- Para un solo investigador puede ser difícil llevar a cabo los dos tipos de investigación, cuantitativa y cualitativa. Requiere de un equipo.
- El investigador tiene que aprender de los dos métodos y saber cómo usarlos apropiadamente.
- Los defensores de un método consideran que se debe investigar con un solo método.
- Su ejecución ocasiona mayor inversión tiempo.
- Algunos detalles de este método aún deben ser trabajados más por los expertos en investigación (el problema de combinar paradigmas, cómo analizar cualitativamente datos de naturaleza cuantitativa, cómo interpretar resultados contradictorios, etc.).

Durante el diseño y ejecución de la investigación mixta debe tenerse cuidado de subsanar, reducir o controlar dificultades inherentes a la combinación de los métodos. Sin embargo, algunos problemas, tienden a estar siempre presentes (Rao y Woolcock):

- Los investigadores no dominan, al mismo nivel, los dos tipos de investigación; por lo tanto, requieren ser capacitados.
- No se cuenta con el criterio adecuado y la coordinación necesaria para seleccionar/definir el diseño y su posterior ejecución.
- No se ve la investigación como un todo, sino como una suma de métodos. Más aún, se afirma que no se integran los métodos. Greene, Caracelli y Graham (1989) encontraron que el 44% de 57

estudios revisados no lo hacían. En los últimos años se está superando este problema.

- No se cuenta con criterios claros para la combinación y secuencia de los métodos.
- Mayores costos (más datos, más análisis).
- Mayores dificultades para difundir y publicar los resultados.

Existen otros problemas que serán enfrentados por aquellos que conduzcan investigaciones mixtas: el costo de la investigación, el conocimiento y habilidad de los investigadores, así como sus actitudes ante esta nueva alternativa. Los investigadores que han trabajado, por mucho tiempo, con métodos individuales traen consigo sus sesgos, prejuicios y formas propias de investigar. Finalmente, el escepticismo, temores de la comunidad académica e investigadores no acostumbrados aún a este nuevo método.

2.   Difusión

Existe marcado interés en aprender y aplicar el método mixto en investigaciones en diferentes campos. Con mayor amplitud y éxito se está usando en los de salud, demografía, antropología, política social y economía antropológica.

A partir de los años 90 existe un interés más marcado por este método. En estos últimos años, aparecen libros, artículos y revistas relativos al tema.

Se está dando un gran esfuerzo por difundir el método en los eventos académicos a través de sus representantes más connotados. Un escenario muy pertinente es el ámbito universitario, en donde pueden formarse nuevas generaciones de estudiosos e investigadores que no perciban un enfrentamiento entre los dos métodos individuales, como opuestos o excluyentes.

Según Bazeley (2003), el aprendizaje del método mixto es más propio para los alumnos de postgrado que cuentan con una base de conocimientos suficiente sobre investigación, en general, y de los dos métodos independientes, en particular. Manifiesta que es necesario que los que aprenden los métodos mixtos de investigación logren competencia, fundamentalmente, en lo siguiente:

- Los diseños propios de los métodos mixtos.
- Análisis e interpretación de data proveniente de diferentes métodos y tal vez, si no lo han logrado antes.
- Instrumentos y procedimientos de recolección de datos.

En el área de evaluación de programas es donde más se ha aplicado este nuevo enfoque, no tanto aún en los campos de la educación y la psicología.

En los siguientes años, se espera un desarrollo mucho mayor del método mixto, así como un mayor acercamiento de estudiantes universitarios, académicos y prácticos de la investigación. Se considera que el método mixto se encuentra en la etapa de la adolescencia. Hay que tener la mente abierta a esta nueva, importante y efectiva forma de concebir y aplicar la investigación en el mundo real.

3. Publicaciones

Desde hace unas décadas se ha mostrado el interés por la combinación de métodos en investigaciones. Creswell y otros (2003, pp. 621-622) enumeran algunas obras importantes, entre las cuales se destacan:

Qualitative and Quantitative Methods in Evaluation Research. (Cook, T. D. Reichardt, C. S. (Eds), 1979).

Quantity and Quality in Social Science Research. (Bryman, A., 1989).

Multimethod Research: A Synthesis of Style. (Brewer, J. & Hunter, A., 1989).

Qualitative-Quantitative Debate: New Perspectives. (Reichardt, C. S. & Rallis, S. F., 1994).

Advances in Mixed-Method Evaluation: The Challenges and Benefits of Integrating Diverse Paradigm. (Greene, J. C. & Caracelli, V. J. (Eds), 1997).

Qualitative-Quantitative Research Methodology: Exploring the Interactive Continuum. (Newman, I & Benz, C. R., 1998).

Mixed Methodology: Combining Qualitative and Quantitative Approaches. (Tashakkori, A. & Teddlie, C., 1998).

Handbook of Mixed Methods in Social & Behavioral Research. (Tashakkori, A. & Teddlie, C. (Eds), 2003).

Journal of Mixed Methods Research (Sage Publications, a partir de 2007).

International Journal of Multiple Research Approaches (IJMRA).

Igualmente, hay una cantidad importante de capítulos de libros y artículos, escritos en los últimos años.

Reflexiones finales

La confrontación de paradigmas, como incompatibles, se está relativizando, tomando en cuenta que los problemas del mundo real exigen, en muchos casos, la concurrencia de los dos paradigmas para comprender y explicar mejor los fenómenos. Por ello, aparece el pragmatismo como paradigma fundamental para el método mixto.

En este campo de investigación, a pesar de todo lo avanzado, existen muchos aspectos por resolver. Entre otros, pueden mencionarse los siguientes:

* "Clara distinción entre investigación cualitativa y cuantitativa.
* Aspectos de ambos métodos que se combinan.
* El tipo de combinación que se realiza.
* El porqué ambos métodos deben combinarse" (Sandelowski, 2003, p. 322). (En Tashakkori y Teddlie), el temor de que uno de los métodos, especialmente el cualitativo, asuma un papel meramente auxiliar (Creswell, Shope y otros, 2006), y el manejo del lenguaje de este nuevo enfoque, entre otros. Otro asunto es el de "Esquema (formato) de reporte de la investigación", así como el "estilo de redacción" del reporte.

Igualmente, existe un problema de terminología o nomenclatura. Hay una cantidad vasta de términos provenientes de la tradición cuantitativa y cualitativa y de los campos profesionales (psicología, sociología, ciencias de la salud, evaluación, educación, etc.), cuyas acepciones son aceptadas y usadas por los investigadores (e.g., validez). Actualmente, el método mixto trata de normalizar las definiciones de estos términos, integrarlos en una nueva definición o crear más términos con sus respectivas definiciones.

Referencias

Bazeley, P. (2003). "Teaching Mixed Methods". En: *Qualitative Research Journal*. 3. pp. 117 – 126. http://www.researchsupport.com.au/teachingMM.pdf. Recuperado el 10/8/2006.

Bazeley, P. (2002). *Issues in Mixing Qualitatiive and Quantitative Approaches to Research.* http://www.researchsupport.com.au/MMIssues.pdf. Recuperado el 10/8/2006.

Bodgan, R. C. y Biklen, S. K. (1982). *Qualitative research for education: An introduction to theory and methods.* Boston: Allyn and Bacon Inc.

Bryman, A. *Quality Issues in Mixed-Methods Research.* http://www.ccsr.ac.uk/methods/events/Mixed/documents/BrymanQuality.doc. Recuperado el 10/8/2006.

Byrne, J. y Humble, A. (2006). *An Introduction to Mixed Methods Research.* http://www.msru.ca/ARCFamilyWork/pdf-files/MixedMethodologyHandout.pdf. Recuperado el 13/4/2008.

Chang, A. (2004). *Planning and Conducting Educational Research: Quantitative, Qualitative and Mixed Methods Approaches.* http://www.mdu.ed.tw/~aldychang/research01.doc. Recuperado el 15/6/2008.

Creswell, J. W. (2007). *An Introduction to Mixed Methods Research.* http://ssp.unl/videos/SSP%20Session%202007-03-09. ppt#661,4, Understanding the Core idea of mixed methods research. Recuperado el 14/4/2008.

Creswell, J. W., Trout, S. y Barbuto, J. E. *A Decade of Mixed Methods Writings: A Retrospective.* http://division.aomonline.org/rm/ 2002forum/retrospect.pdf. Recuperado el 14/10/2006.

Creswell, J. W., Shope, R., Plano Clark, V. L. y Green, D. (2006). "How interpretive qualitative research extends mixed methods research". En: *Research in the Schools.* 13, 1, pp. 1-11. Recuperado el 21/09/2008.

Creswell, J. W. y Garrett, A. (2008). "The movement of mixed methods research and the role of educators". En: *South African Journal of Education.* 28, p. 321-333. Recuperado el 21/09/2008.

Giannakaki, M. S. *Using Quantitative and Qualitative Research Methods to Examine Teachers´ Attitudes to Educational Change.* http://72.14.209.104/search?q=cache:-txAlKNOIg8J:www.nrdc. org.uk/uploads/documents/doc_57.pdf+%22mixed+methods +research%22&hl=es&gl=pe&ct=clnk&cd=321. Recuperado el 15/9/2006.

Giddings, L. S. (2006). Mixed-methods research: Positivism dressed in drag? En: *Journal of Research in Nursing.* 11, 3, pp. 195 – 203. http://Jrn.sagepub.com/egi/reprint/11/3/195/. Recuperado el 25/2/2007.

Gorard, S. y Taylor, C. "Chapter One – A third methodological movement: challanging the dominance of single methods". En: *Combining Methods in Educational and Social Research.* http://www.mcgraw-hill. co.uk/html/0335213073.html. Recuperado el 16/7/2006.

Johnson, R. B. y Onwuegbuzie, A. J. (2004). "Mixed Methods Research: A Research Paradigm Whose Time Has Come". En: *Educational Researcher.* 33, 7, pp. 14 – 26.

Johnson, R. B.; Onwuegbuzie, A. J. y Turner, L. A. (2007). "Toward a definition of mixed methods research". En: *Journal of Mixed Methods Research*. 1, 2, pp. 112-133.

Kadriye R. y Wolff, M. R. (2006). "What good is polarizing research into qualitative and quantitative?" En: *Educational Researcher:* 35, 5, pp. 14-23.

Katsulis, Y. (2003). *Mixed Methods: Theory and Practice.* http://cira.med.yale.edu/events/mbseminars/mbs_092503.pdf. Recuperado el 11/8/2006.

Mckenzie, N. y Knipe, S. (2006). "Research dilemas: Paradigms, methods and methodology". En: *Issues in Educational Research*. Vol. 16. Online: http//www.iier.org.au/iier16/mackienze.html. Recuperado el 13/4/2008.

Miller, S. I. y Fredericks, M. "Mixed – Methods and Evaluation Research: Trends and Issues". En: *Quality Health Research*. 16, 4, pp. 567 – 579. http://www.healthsci.bham.ac.uk/research/KShaw/Miller+Fredericks_2006.pdf. Recuperado el 15/3/2007.

Morgan, D. L. (2007). "Paradigms lost and pragmatism regained: Methodoligical implications of combining qualitative and quantitative methods". En: *Journal of Mixed Methods Research*. Vol. 1. pp. 48-76.

Neill, J. (2006). *Qualitative versus Quantitative Research: Key Points in a Classic Debate.* http://www.wilderdorn.com/research/QualitativeVersusQuantitativeResearch.html. Recuperado el 14/8/2006.

Niglas, K. (2004). *The Combined Use of Qualitative and Quantitative Methods in Educational Research*. Ph. D. Dissertation. Estonia. http://www.tlulib.ee/files/arts/24/niglaf737ff0eb699f90626303a2ef1fa930.pdf. Recuperado el 14/8/2006.

Onwuegbuzie, A. J. y Leech, N. L. (2004). "Enhancing the interpretation of significant findings: The role of mixed methods research". En: *The Quality Report*. 9, 4, pp. 770 – 792.
http://nova.edu/sss/QR/QR9-4/onwuegbuzie.pdf. Recuperado el 13/4/2007.

Rao, V. y Woolcock, M. (2003). *Integrating Qualitative and Quantitative Approaches*. http://www.cultureandpublication.org/bijupdf/ch08. pdf. Recuperado el 15/5/2006.

Rodríguez Sabiote, C., Pozo Llorente, T. y Gutiérrez Pérez, J. (2006). "La triangulación analítica como recurso para la validación de estudios de encuesta recurrentes e investigaciones de réplica en Educación Superior". En: *Revista Electrónica de Investigación y Evaluación Educativa.* V. 12, 2, pp. 289-305.

Raudenbush, S. W. (2004). *Learning from Attemps to Improve Schooling: The Contribution of Methodological Diversity.* http://www7.nationalacademies.org/CFE/Multiple_Methods_Raudenbush_Paper. pdf. Recuperado el 15/8/2006.

Rocco, T. S., Bliss, L. A. y otros (2003). "Taking the next step: Mixed methods Research in organizational Systems". En: *Information Technology, Learning and Performance Journal.* 21, 1, Spring, pp. 19-29.

Rzasa, S. E. (2003). *Independent Stydy.* http://www.personal.psu.edu/ ser163/indstudy.pdf. Recuperado el 10/8/2006.

Shoveller, J. A. (2004). *Mixed Methods Research.* http://www.wrtc-hsr. ca/powerpoint/shoveller.pdf. Recuperado el 9/8/2006.

Tashakkori, A. (2004). *Does a third option really exist? Issues in utilizing Mixed Methods in Social Behavior Research.* http://www.kuleuven. ac.be/dvz/lazsite/Tashakkori_ppt#271, Utility of Mixed Methods: Why mixed methods? Recuperado el 1/8/2008.

Tashakkori, A. y Teddlie, C. (2003). *Handbook of Mixed Methods in Social & Behavioral Research.* California: Sage Publications.

Walker, Rob, Spratt, Christine y Robinson, Bernardette (2004). "Commonwealth of Learning". En: *Defining Mixed Methods.* http:/// www.col.org/colweb/webdav/site/myjahiasite/shared/docs/ A5.pdf. Recuperado el 14/8/2006.

Wikipedia (2006). *Multimethodology.* http://en.wikipedia.org/Wiki/ Multimethodology. Recuperado el 16/10/2006.

________ Chapter14. *Mixed Research: Mixed Methods and Mixed Model Research.* http://www.southalabama.edu/coe/bset/Johnson/lectures/lec14.htm. Recuperado el 13/4/2007.

Anexos

A.   Definiciones de líderes y especialistas.

B.   Glosario de términos.

C.   Clasificación de diseños de métodos mixtos.

D.   Métodos cuantitativo, cualitativo y mixto.

E.   Formato del plan de investigación.

Anexo A

Definiciones de métodos mixtos de investigación de líderes y especialistas

Líderes y especialistas en el campo de la investigación mixta presentan definiciones sobre esta propuesta. A continuación, se listan algunas de ellas (Johnson, Onwuegbuzie y Turner, 2007, pp. 119-121).

Pat Bazeley

Intento distinguir entre métodos mixtos y multimétodo, aunque cuando necesito un término genérico uso el de métodos mixtos. La investigación multimétodo se presenta cuando diferentes enfoques o métodos son usados en paralelo o secuencia, pero no son integrados, sino hasta cuando se hacen las inferencias. La investigación con métodos mixtos implica el uso de más de un enfoque o método en el diseño, recolección de datos o análisis de datos dentro de un programa de estudio, con integración de los diferentes enfoques o métodos durante el programa y no sólo en el punto final. Nótese que no estoy limitando esto sólo a la combinación de investigación cualitativa u cuantitativa, sino más ampliamente a combinaciones de diferentes enfoques/métodos/datos/análisis.

Valerie Caracelli

Es una yuxtaposición o combinación deliberada de métodos de diferentes tipos (cualitativa y cuantitativa) para proporcionar una comprensión más elaborada del fenómeno de interés (incluyendo su contexto y, también, ganar mayor confianza en las conclusiones generadas por la evaluación del estudio.

Huey Chen

Es una integración sistemática de los métodos cuantitativo y cualitativo en un mismo estudio con el propósito de obtener una visión más completa y una comprensión más profunda de un fenómeno. La integración puede ser tal que los métodos cualitativo y cuantitativo retienen sus estructuras y procedimientos originales (forma pura de métodos mixtos). En otros casos, los dos métodos pueden ser adaptados, alterados o resumidos para ajustarse a las situaciones de investigación y costo del estudio (forma modificada de métodos mixtos).

John Creswell

Es un diseño (o metodología) de investigación en el cual el investigador recoge, analiza y mezcla (integra o conecta) datos cuantitativos y cualitativos en un mismo estudio o en un programa multifase de indagación.

Steve Currall

Incluye el uso secuencial o simultáneo de recolección, así como de técnicas de análisis de datos cualitativos y cuantitativos.

Marvin Formosa

Es la utilización de dos o más métodos diferentes para atender de la mejor manera a los propósitos del proyecto de investigación. El proyecto de investigación puede ser conducido desde uno o los dos puntos de vista paradigmáticos (estudio de metodología mixta).

Jennifer Greene

Es un enfoque para investigar el mundo social que, idealmente, incluye más de una de las tradiciones metodológicas y, por lo tanto, más de una manera de conocimiento, junto con más de una técnica de recolección, análisis y representación del fenómeno humano, con el propósito de una mejor comprensión.

Al Hunter

Es un término generalmente usado para designar la combinación de los métodos cualitativo y cuantitativo de investigación en un mismo proyecto. Yo prefiero usar el término *investigación multimétodo* para indicar que diferentes estilos de investigación pueden ser combinados en el mismo proyecto de investigación. Esto no está restringido a lo cuantitativo y cualitativo, sino que puede incluir, por ejemplo, observación participante cualitativa con entrevista en profundidad cualitativa. Puede, también, incluir investigación de encuesta cuantitativa con investigación experimental cuantitativa. Y, por supuesto, puede incluir estilos cuantitativos y cualitativos.

Burke Johnson y Anthony Onwuegbuzie

Es una clase de investigación en la cual el investigador mezcla o combina técnicas de investigación cuantitativa y cualitativa, métodos, enfoques, conceptos y lenguaje en un mismo estudio o conjunto de estudios relacionados.

Udo Kelle

Significa la combinación de métodos cualitativo y cuantitativo de recolección y análisis de datos en un proyecto empírico de investigación. Esta combinación puede servir para dos propósitos diferentes: puede ayudar a descubrir y manejar amenazas a la validez derivados del uso de la investigación cualitativa o cuantitativa al aplicarse métodos alternativos de la tradición metodológica y puede asegurar una buena práctica científica al promover la validez de los métodos y los hallazgos de la investigación. O puede ser usado para ganar una mayor visión y una comprensión más profunda del fenómeno investigado al relacionar hallazgos complementarios de cada método con los resultados del otro método.

Donna Mertens

Cuando se les considera de una instancia transformativa, es el uso de los métodos cualitativo y cuantitativo que permite la recolección de datos acerca de factores históricos y contextuales, con especial énfasis en asuntos de poder que pueden influenciar el logro de la justicia social y evitar la opresión.

Steven Miller

Es una forma de evolución (desarrollo) de la indagación metodológica dirigida primariamente a las ciencias humanas, que intenta combinar en un orden lógico diferentes técnicas y procedimientos de los enfoques cuantitativo, cualitativo e histórico. En este momento, los métodos mixtos deben resolver una serie de temas de discusión, tanto epistemológicos como ontológicos. El primero es lo que Miller y Gatta (2006) llaman la "conexión epistemológica"; esto es, las reglas y fundamentos que "permiten" proceder como metodología mixta. El segundo, se refiere a alguna forma ontológica de "realismo mínimo", en el cual la realidad social es "Una" pero que puede ser enfocada por diferentes métodos por separado o en conjunto, o la realidad social es múltiple en naturaleza y puede *sólo* ser enfocada a través de los métodos mixtos. Intentos actuales de tratar los métodos mixtos dentro de una noción amplia de pragmatismo no son satisfactorios.

Janice Morse

El diseño... es un plan para un riguroso proceso de investigación científica compuesto de un *componente cualitativo o cuantitativo central (principal)* que dirige el esfuerzo teórico, con *componentes suplementarios* de naturaleza cualitativa o cuantitativa. Estos componentes de la investigación se engarzan entre sí para promover descripción y comprensión, y pueden ser conducidos ya sea de manera simultánea o secuencial.

Isadore Newman

Es un conjunto de procedimientos que deben ser usados cuando al integrar procedimientos cualitativos y cuantitativos se refleja(n) mejor la(s) pregunta(s) de investigación que por métodos separados. La combinación de los métodos cuantitativo y cualitativo informará mejor al investigador. La efectividad de los métodos mixtos debe ser evaluada en términos de cuánto permite al investigador responder la(s) pregunta(s) de investigación incluida(s) en el(los) propósito(s) (por qué el estudio es realizado o necesario; la justificación) del estudio (ver Newman, Ridenour, Newman y DeMarco, 2003).

Michael Q. Patton

Es la indagación en una pregunta de investigación usando diferentes fuentes de datos y elementos de diseño de tal manera que permita obtener diferentes perspectivas en el manejo del estudio y por lo tanto, apoyar la triangulación de los hallazgos. En este sentido, usar diferentes métodos para examinar diferentes preguntas en una misma investigación no constituye en método mixto.

Hallie Preskill

Se refiere al uso de métodos de recolección de datos que reúnen datos cuantitativos y cualitativos. La investigación con métodos mixtos reconoce que todos los métodos traen consigo sesgos y debilidades; que el uso del enfoque de método mixto incrementa la probabilidad de que el agregado de los datos recogidos será más rico en información, más significativo y más útil para responder las preguntas de la investigación.

Abbas Tashakkori y Charles Teddlie

Los métodos mixtos de investigación constituyen un tipo de investigación en el cual los enfoques CUAL y CUAN se usan en los tipos de preguntas, métodos de investigación, recolección de datos y procedimientos de análisis o en inferencias.

Anexo B

Glosario de términos

Los métodos mixtos de investigación han traído consigo una serie de términos o conceptos y la necesidad de redefinir los conocidos. Ambos grupos requieren ser entendidos en la acepción concebida por estos métodos (tomado de Tashakkori y Teddlie, 2003, *Handbook of Mixed Methods in the Social and Behavioral research)*. Agustín Campos ha realizado la libre traducción que a continuación se presenta.

Acuerdo interpretativo (o consistencia interpretativa): es la consistencia a través de personas (e.g., consistencia entre académicos, consistencia con la construcción de la realidad de los participantes).

Binarización : (Onwuegbuzie y Teddlie). Significa convertir datos cualitativos en puntajes de 1 ó 2.

Calidad de datos: es el grado en el que los datos recolectados (resultados de medición u observación) satisfacen los estándares de calidad para ser considerados válidos (fidedignos) y confiable (fiables). Este término ha sido usado por Punch (1998) para representar el "control de calidad de los datos: en términos de procedimientos en la recolección de datos y... en términos de tres aspectos técnicos de calidad de los datos... confiabilidad, validez y reactividad" (p. 257).

- *Validez de datos o de medición:* tiene que ver con la representación verdadera de los resultados de la recolección de datos del constructo o fenómeno que se espera representar o medir/lograr. Ver también validez convergente y validez discriminante.
- *Confiabilidad de datos o de medición:* tiene que ver con el grado con el que los resultados de la medición u observación reflejan la magnitud, intensidad o calidad del atributo o fenómeno que se está midiendo u observando.

Calidad de (l) diseño: ver calidad de (la) inferencia.

Calidad de inferencia: Es un término propuesto por los investigadores de los métodos mixtos para incorporar el término de validez interna de la investigación CUAN y los términos de credibilidad y confianza de las interpretaciones de la investigación CUAL (Tashakkori y Teddlie, 2003). La definición del término es como sigue: el grado en el que las interpretaciones y conclusiones son hechas bajo el supuesto de que los resultados alcancen los estándares profesionales de rigor, confianza y aceptabilidad, así como el grado en el que las explicaciones alternativas posibles de los resultados obtenidos pueden ser descartadas. Calidad de la inferencia consiste en un *Diseño de calidad* (consistencia dentro del diseño) y *Rigor interpretativo* [consistencia conceptual (o inferencial), *acuerdo interpretativo* (o consistencia interpretativa), y *distinción interpretativa*].

Confiabilidad (confiabilidad de los datos o confiabilidad de medición): ver calidad de datos.

Confirmación : (Twinn, 2003). Es una estrategia de verificación que hace uso de enfoques múltiples de recolección de datos, en la cual las fortalezas y debilidades de los métodos son conocidos y contrabalanceados para enfrentar las amenazas a la validez.

Consistencia conceptual (o inferencial): es el grado en el que las inferencias son consistentes una con otra y con el estado del conocimiento y de la teoría.

Consolidación de datos: implica la combinación de datos cualitativos y cuantitativos para la creación o consolidación de nuevas variables o conjunto de datos.

Conversión/transformación de datos: significa que datos recolectados de tipo cuantitativo se convierten en narraciones que pueden ser analizadas cualitativamente (datos cualitizados) y/o datos de tipo cualitativo se convierten en códigos numéricos que pueden ser analizados estadísticamente (datos cuantitizados).

Cualitizar: es el proceso mediante el cual, datos cuantitativos son transformados en datos que pueden ser analizados cualitativamente.

Datos complementarios: datos recogidos para enriquecer o confirmar los datos originales (Morse, 2003).

Diseño de dos fases: (Currall y Towler). Un estudio con una fase cualitativa seguida de una fase cuantitativa o viceversa. Ver diseño multiface (multihebra).

Diseño de fase única: es un estudio con una de las dos fases cualitativa o cuantitativa. Ver diseño de monofase (monohebra).

Diseño de método mixto:

- Es un diseño que incluye recolección y análisis de datos, de tipo CUAL y CUAN, en forma paralela (diseño de métodos mixtos concurrente, en el cual dos tipos de datos son recogidos y analizados), en forma secuencial (diseño de métodos mixtos secuencial, en el cual un tipo de datos sirve de base para recolección de otro tipo de datos), o donde los datos se convierten (cualitizado o cuantitizado) y son nuevamente analizados (diseño de método mixto de conversión).
- (Bazeley, 2003). Este diseño incluye estudios que "usa datos mixtos (numéricos y texto) y herramientas alternativas (estadística y análisis de texto), pero aplica el mismo método, por ejemplo, en el desarrollo de una teoría de base o campo". (Ver también diseño de modelo mixto).
- (Morse, 2003). La incorporación de varias estrategias, cualitativa y cuantitativa, dentro de un solo proyecto que puede tener énfasis teórico cualitativo o cuantitativo. Las estrategias "añadidas" son suplementarias al método principal y sirven para iluminar o explicar situaciones que son abordadas por el método principal.

Diseño de método mixto concurrente: es un diseño multifase en el cual los datos recolectados tanto del método CUAN como del CUAL son analizados para responder a un tipo de pregunta de investigación (CUAN o CUAL). La inferencia final se basa en los dos resultados de los análisis de datos. Los dos tipos de datos se recolectan independientemente al mismo tiempo o con intervalo de tiempo.

Diseño de método mixto con multiniveles: es un diseño en el cual los datos CUAL son recolectados en un nivel (e.g., niño) y datos CUAN son recolectados en otro nivel (e.g., familia) en una forma concurrente o secuencial para responder a diferentes aspectos de la misma pregunta de investigación. Los dos tipos de datos son analizados como corresponde, y los resultados son usados para realizar inferencias. Debido a que tanto las preguntas como las inferencias están en un mismo enfoque (CUAL o CUAN), este es un estudio predominantemente CUAL o CUAN, con algunos componentes adicionados. En la práctica, debido a que las preguntas de investigación y las inferencias que se hacen al final del estudio son generalmente tanto CUAL como CUAN (usando modelos mixtos), este diseño no es tan común. Ver también diseño de modelo mixto con multiniveles.

Diseño de método mixto secuencial: (Onwuegbuzie y Teddlie, cap. 13). Es el diseño en el cual un tipo de datos (e.g., CUAN) sirve de base para la recolección de otro tipo de datos (e.g., CUAL). Responde a un tipo de preguntas (CUAL o CUAN) mediante la recolección y análisis de dos tipos de datos (CUAL y CUAN). Las inferencias se basan en el análisis de los dos tipos de datos. Este término incluye el "diseño secuencial de dos fases", el "análisis secuencial CUAL-CUAN" y el "análisis secuencial CUAN-CUAL".

Diseño de métodos múltiples: (Brewer y Hunter, 2003). Se refiere a los diseños en los cuales más de un método de investigación o técnica de recolección y análisis de datos son usados para responder a las preguntas de investigación. Incluyen los diseños de métodos mixtos (CUAL + CUAN) y diseños multimétodos (CUAN + CUAN o CUAL + CUAL).

Diseño de modelo mixto: es un diseño en el cual la combinación de los enfoques CUAL y CUAN ocurren en todas las etapas del estudio (formulación de preguntas de investigación, procedimientos de recolección de datos y método de investigación e interpretación de los resultados para realizar las inferencias finales) o a través de las etapas del estudio (e.g., preguntas CUAL, datos CUAN). En diseños multifase o multihebra, las hebras están en paralelo (diseño de modelo mixto concurrente), o en forma secuencial (diseño de modelo mixto secuencial, en el cual las inferencias de una fase –hebra conducen a preguntas en la siguiente) o los datos son convertidos y analizados, nuevamente, para analizar diferentes preguntas (diseño de modelo mixto de conversión).

Diseño de modelo mixto con multiniveles: este es un diseño en el cual los datos CUAL se recolectan a un nivel (e.g., niño) y datos CUAN se recolectan en otro nivel (e.g., familia) en una forma concurrente o secuencial para responder preguntas interrelacionadas de investigación con enfoques múltiples (CUAL y CUAN). Ambos tipos de datos son analizados con el correspondiente proceso, y los resultados son usados para realizar múltiples tipos de inferencias (CUAL y CUAN) las que son puestas en común al final del estudio en la forma de "inferencias globales". Ver también diseño de método mixto con multiniveles.

Diseño de modelo mixto concurrente: es un diseño mixto multifase en el cual existen dos procesos o fases relativamente independientes: uno con preguntas, recolección de datos y técnicas de análisis CUAL y otro con preguntas, recolección de datos y técnicas de análisis CUAN. Las inferencias hechas a partir de los resultados de cada método independiente se juntan para formar una meta-inferencia al final del estudio. Ver también reglas de integración.

Diseño de modelo mixto de conversión: este es un diseño concurrente de multifases en el cual la combinación de los enfoques, CUAL y CUAN, ocurren en todos los componentes/etapas, con datos transformados (cualitizados o cuantificados) y analizados tanto cualitativa como cuantitativamente.

Diseño de modelo mixto paralelo: ver diseño de modelo mixto concurrente.

Diseño de modelo mixto secuencial: es el diseño mixto multifase (multihebra, CUAL-CUAN o CUAN-CUAL) en el cual las conclusiones que se realizan a partir de los resultados de la primera fase (hebra) (e.g., fase CUAN) permiten la formulación de preguntas, recolección de datos, y análisis de datos para la siguiente fase (hebra) (e.g., fase CUAL). Las inferencias finales se basan en los resultados de las dos fases del estudio. La segunda fase/hebra del estudio es conducida ya sea para confirmar o negar las inferencias de la primera fase, o para proveer mayor explicación a los hallazgos inesperados de la primera fase.

Diseño de modelo mixto totalmente integrado: es un diseño multifases concurrente en el cual la combinación de los enfoques CUAL y CUAN ocurre de una manera interactiva (dinámica, recíproca, interdependiente, reiterativa) en todas las etapas del estudio. En cada etapa (e.g., formulación de preguntas), un enfoque (e.g., CUAL) afecta la formulación en el otro (e.g., CUAN). Ver también modelo interactivo.

Diseño de triangulación concurrente: es un diseño de modelo mixto concurrente clasificado según el propósito del estudio. En este diseño, los enfoques CUAL y CUAN son usados para "confirmar, validar o corroborar hallazgos dentro de un mismo estudio" (Creswell y otros, 2003).

Diseño dominate – menos dominante : (Currall y Towler, 2003). Es un estudio de método mixto basado ampliamente en un solo método con componentes adicionales tomados de métodos alternativos. Este tipo de diseño de investigación ha sido discutido por muchos autores (algunas veces con diferentes nombres), incluyendo a Morse (1991).

Diseño explicatorio secuencial: de acuerdo con Creswell y otros (2003), este diseño "está caracterizado por la recolección y análisis de datos cualitativos seguidos seguidos de la recolección y análisis de datos cuantitativos. Generalmente la prioridad se le da a los datos cualitativos, y los dos métodos son integrados durante la fase de interpretación del estudio".

Diseño integrado (nested) concurrente: es un diseño de modelo mixto concurrente clasificado según dominancia o prioridad (conceptual o paradigmática) del estudio. En este diseño, una fase cuantitativa se integra dentro de un estudio predominantemente cualitativo (cuan + CUAL) o viceversa (CUAN + cual). Los enfoques CUAL y CUAN son usados para "confirmar, validar o corroborar hallazgos dentro de un mismo estudio" (Creswell, Plano Clark, Gutmann, y Hanson, 2003).

Diseño metodológicamente triangulado: (Morse, 2003). Es un proyecto compuesto de dos o más subproyectos, exhibiendo cada uno de ellos integridad metodológica. Aunque completos en sí mismos, estos subproyectos deben integrarse para complementarse o hacer posible el logro de las metas globales de la investigación.

Diseño monofase (monohebra): este diseño usa un solo método de investigación o técnica de recolección de datos (CUAN o CUAL) y el correspondiente procedimiento de análisis de datos para responder a preguntas de investigación. También se le conoce como "diseño de una fase".

Diseño monométodo: ver diseño de monofase (monohebra).

Diseño multifase (multihebra): son los diseños que usan más de un método de investigación o procedimiento de recolección de datos. Ver también diseño multimétodos.

Diseño multimétodo(s):
- son los diseños en los cuales las preguntas de investigación son respondidas mediante el uso de dos procedimientos de recolección de datos o dos métodos de investigación, ambos con un enfoque CUAL o CUAN. Ver también estudio CUAL multimétodos y estudio CUAN multimétodos.
- (Morse, 2003). El término ha sido usado para identificar "dos o más estudios interrelacionados" (en vez de un solo proyecto) ... "proyectos cualitativo y cuantitativo que son relativamente completos y que son usados juntos para formar componentes esenciales de un programa de investigación".
- (Hunter y Brewer, 2003). El término ha sido usado como sinónimo de Diseño de métodos múltiples: "uso de métodos múltiples con fortalezas complementarias y diferentes debilidades con relación a un conjunto de problemas de investigación".

Distinción interpretativa: es el grado en el cual las inferencias son distintivamente diferentes de (y superior a) otras posibles interpretaciones de los resultados y la explicación opuesta es dejada de lado (eliminada).

Dominancia: permite identificar, señalar, precisar el método que dirige la investigación en un momento particular (Morse, 2003).

Énfasis teórico: dirección del proyecto, derivado de las preguntas y propósitos de la investigación y es primariamente inductivo o deductivo.

Estudio CUAL multimétodos: se refiere a los diseños en los cuales las preguntas de investigación se responden usando dos procedimientos CUAL de recolección de datos o dos métodos CUAL de investigación.

Estudio CUAN multimétodos: se refiere a los diseños en los cuales las preguntas de investigación se responden usando dos procedimientos CUAN de recolección de datos o dos métodos CUAN de investigación.

Etapa (de un estudio): un paso o componente de una fase/hebra de un estudio de método mixto, (e.g., conceptualización, método, inferencia).

Fase/hebra: una etapa de un estudio de método mixto en la cual un enfoque, CUAL o CUAN, es usado en el método de estudio, en la recolección de datos, o en el análisis de los datos. Las fases pueden ser concurrentes (paralelas, simultáneas) o secuenciales, o pueden incluir conversión de un tipo de datos a otro para el análisis. Ver también diseño monofase (monohebra) y diseño multifase (multihebra).

Generalización: ver validez externa y transferabilidad de inferencia.

Inferencia:
* Es un término amplio referido al resultado final de un estudio. Este resultado puede consistir en una conclusión, una comprensión, la explicación de un evento, una conducta, una relación, o un caso.
* Es una "conclusión obtenida" en la cual hay: una "deducción de premisas que son aceptadas como verdaderas" o una inducción, al "derivarse una conclusión de enunciados de hechos tomados como evidencia para la conclusión" (Angeles, 1981, p. 133). Ver también inferencia deductiva (en el ciclo de investigación), lógica deductiva, inferencia inductiva (en el ciclo de investigación), lógica inductiva, meta-inferencia (o inferencia mixta integrada), e inferencia retroductiva.

Inferencia complementaria: ocurre cuando los resultados de dos procesos separados proveen conclusiones o interpretaciones diferentes pero no contradictorias.

Inferencia convergente: ocurre cuando las conclusiones o interpretaciones de dos fases de un estudio con método mixto son consistentes entre sí (concuerdan).

Inferencia deductiva (en el ciclo de la investigación): es el proceso en el cual las hipótesis o predicciones se formulan con sustento en:
*   Un marco conceptual elaborado de la bibliografía existente.
*   Las inferencias de una fase previa de un estudio de método mixto.
*   Una teoría existente. Ver también inferencia y calidad de la inferencia.

Inferencia divergente: (Erzberger y Kelle, 2003). Ocurre cuando las inferencias extraídas de dos fases de un estudio con método mixto son inconsistentes o discordantes (Rossman y Wilson, 1985): esto es, no coinciden entre sí. Las inconsistencias entre los hallazgos cuantitativos y cualitativos pueden ser consecuencia de una inadecuada aplicación de conceptos teóricos. Por lo tanto, será necesario revisar y modificar las premisas teóricas iniciales y recurrir con mayor cuidado a los conceptos teóricos que aún no han sido relacionados con el dominio en estudio.

Inferencia hipotética : (Erzberger y Kelle, 2003). Es un modo de inferencia, también llamada abducción o retroducción, la cual explica cierto fenómeno empírico, ex-post-facto (después del hecho), ya sea mediante una regla general ya conocida (inducción cualitativa) o encontrando una nueva regla que explicaría el fenómeno (abducción).

Inferencia inductiva (en el ciclo de investigación): es el proceso de creación de explicaciones, comprensiones, marcos conceptuales y/o teorías significativas y consistentes por medio de la integración de:
*   El conocimiento actual obtenido de la bibliografía respectiva.
*   Observaciones concretas o hechos.
*   Resultados del análisis de datos de un proyecto de investigación.
*   Hallazgos de una etapa previa de un estudio con método mixto (Tashakkori y Teddlie, 1998).

Integridad metodológica: es el rigor de un proyecto, manteniendo la adherencia a las premisas, estrategias, datos y otros propios de cada método particular.

Lógica deductiva: (Erzberger y Kelle, 2003).
* Es la aplicación de reglas generales a casos específicos. Por ejemplo, de la regla general que todos los hombres son mortales, se puede deducir que si Sócrates es un hombre, entonces es mortal.
* Es el tipo de razonamiento generalmente usado cuando se establece que si un vínculo se deriva de un enunciado teórico previamente formulado, puede establecerse una relación con un enunciado acerca de hechos empíricos observables, a la manera siguiente: "Si A (un enunciado teórico) es verdadero, entonces es de esperar que ocurra C".

Marco conceptual: un marco teórico consistente y amplio, el cual emerge de una investigación inductiva de la bibliografía previa, teorías y otra información pertinente. Generalmente, es la base para reformular las preguntas de investigación y para formular hipótesis o predicciones tentativas acerca del posible resultado de un estudio.

Matriz multirasgo-multimétodo: es una matriz de correlaciones entre múltiples métodos de medición de cada uno de los conjuntos de atributos. Los valores diagonales indican la confiabilidad de cada medida/método. Los valores fuera de la diagonal indican la validez convergente y la validez discriminante de cada procedimiento/instrumento. Este método fue introducido por Campbell y Fiske (1959) para evaluar la calidad de los datos obtenidos con instrumentos de medición.

Meta-inferencia (o inferencia mixta integrada): es la inferencia desarrollada a través de una integración de las inferencias obtenidas en las fases CUAL y CUAN de un estudio con método mixto.

Meta-interpretación: Forthofer (2003) describe este término de la forma siguiente: "Los diseños de métodos mixtos son inherentemente más complejos, y aquellos que intentan una integración o síntesis de resultados a lo largo de metodologías requieren de una fase adicional de 'metainterpretación'". Ver también inferencia.

Métodos mixtos

- Es el tipo de investigación en el cual los enfoques CUAL y CUAN son usados en el tipo de preguntas, métodos de investigación, recolección de datos y procedimientos de análisis y/o inferencias.
- (Creswell y otros, 2003). Es la "recolección o análisis de datos cuantitativos y cualitativos en un mismo estudio en el cual los datos son recogidos de manera concurrente o secuencial, de acuerdo a una prioridad, e incluye la integración de datos a una o más etapas en el proceso de investigación".
- (Morse, 2003). Es "cuando las estrategias derivadas de los métodos cualitativo y cuantitativo son usadas en un mismo proyecto".
- (Morse, 2003). Es cuando las estrategias de recolección de datos CUAN son usadas en un estudio CUAL o viceversa: "cuando se usan las estrategias de investigación que no están normalmente descritas como una parte del diseño".

Modelo interactivo: (Maxwell y Loomis, 2003). Aplicado a la investigación con métodos mixtos este modelo señala que "los diferentes componentes de un estudio con métodos mixtos están... (más bien) conectados en una cadena o red (Web) en lugar de una secuencia lineal o cíclica".

Muestreo en método mixto: (Kemper, Stringfield y Teddlie, 2003). Es una selección simultánea de unidades de estudio a través de estrategias de muestreo tanto probabilísticas (para aumentar la generalización/transferabilidad) como deliberadas (para aumentar la calidad de inferencia).

Muestreo mixto de multiniveles: (Kemper y otros, 2003). Es una estrategia de muestreo en la cual las técnicas probabilísticas y deliberadas de muestreo son usadas en los diferentes niveles del estudio (e. g., alumno, clase, escuela, distrito).

Núcleo (foco, esencia): es la base del proyecto en la cual se insertan otros datos, estrategias o proyectos (Morse, 2003).

Paradigma:
- (Mertens, 2003). Un modelo conceptual de la percepción del mundo de una persona, junto con las premisas asociadas con dicha visión.

- (Caracelli y Greene, 2003) paradigmas son construcciones sociales, históricas y culturales, que se observan en la práctica cotidiana y que, por lo tanto, pueden ser cambiadas.

Posición dialéctica: (Greene y Caracelli, 2003). Pensar dialécticamente es invitar a la yuxtaposición de ideas opuestas o contradictorias, interactuar con las tensiones producto de los argumentos contestarios, o participar en el juego de ideas. Los argumentos e ideas que participan en esta forma dialéctica emanan de las premisas que constituyen los paradigmas filosóficos –premisas– acerca del mundo social, el conocimiento y el propósito de la ciencia en la sociedad.

Principio de contraste: ver principio de similaridad-contraste.

Principio de la Gestalt: se refiere al todo o totalidad. La psicología gestalt es conocida por el principio (entre muchos otros) que señala que el todo es mayor que la suma de las partes. Este principio se aplica en los métodos mixtos... para demostrar que las inferencias globales hechas al final de los estudios hechos con estos métodos, son más que la simple suma de las inferencias obtenidas a través de las fases/componentes CUAL y CUAN.

Principio de similaridad-contraste: es un principio subyacente en el análisis de datos tanto en la investigación cuantitativa como la cualitativa. Dirige el proceso de agrupamiento de las unidades de análisis (e.g., enunciados, ítems de un test) en categorías (e.g., temas, factores, componentes, racimos) que son similares entre sí y distintamente diferentes de otros grupos de dichas unidades. Ver también validez convergente y validez discriminante.

Principio fundamental de la investigación con métodos mixtos: Johnson y Turner (2003) definen este principio de la manera siguiente: "Los métodos deben ser combinados de tal manera que exista complementariedad en sus fortalezas y no súper posición de sus debilidades... incluye el reconocimiento de que todos los métodos tienen sus limitaciones, así como sus fortalezas. El principio fundamental es sustentado por lo menos por tres razones:
- Obtener convergencia o corroboración de hallazgos.

- Eliminar o minimizar importantes posibles explicaciones alternativas extraídas de los datos de la investigación.
- Aclarar los aspectos divergentes de un fenómeno. El principio fundamental puede ser aplicado a todas las etapas o componentes del proceso de investigación".

Reglas de integración: (Erzberger y Kelle, 2003). Es un conjunto de reglas formuladas para ayudar a la derivación de inferencias de los resultados de estudios cualitativos y cuantitativos en diseños de métodos mixtos. Las reglas deben ser entendidas como orientaciones cuya significancia varía de acuerdo con la pregunta de investigación, el dominio empírico bajo investigación y los métodos específicos empleados. Erzberger y Kelle enumeran ocho reglas de integración. Ver también inferencia.

Tamaño de efecto (effect size): se refiere a la intensidad, magnitud o significancia práctica de un resultado obtenido (e.g., relación, diferencia) en las fases CUAL o CUAN de un estudio con método mixto. Onwuegbuzie y Teddlie (2003), relacionan explícitamente este término histórico de la línea CUAN a la investigación CUAL, señalando nuevos términos, entre otros, "tamaño manifiesto del efecto", "tamaño manifiesto de frecuencia del efecto", y "tamaño manifiesto de intensidad del efecto".

Tipología de propósitos de investigación: (Newman, Ridenour, Newman y DeMarco). Una clasificación sistemática de tipos de propósitos para conducir investigación con métodos mixtos.

Transferabilidad: término usado por Lincoln y Guba (1985, p. 300) como cualitativamente análogo a validez externa. Ver transferabilidad de inferencia.

Transferabilidad de inferencia: se refiere a la generalización o aplicación de inferencias obtenidas en un estudio a otros individuos o entidades (ver transferabilidad de población), otros escenarios o situaciones (ver transferabilidad ecológica), otros períodos de tiempo (ver transferabilidad temporal), u otros métodos de observación/medición (ver transferabilidad operacional). Incluye los términos de validez externa y generalización del campo CUAN, así como el término transferabilidad del campo CUAL.

Transferabilidad de población: se refiere a la posibilidad de generalización o aplicación de inferencias obtenidas en un estudio a otros individuos o entidades. Incluye los términos validez de población y validez externa de población del campo CUAN y el término transferabilidad del campo CUAL. Ver transferabilidad de inferencias.

Transferabilidad ecológica: se refiere a la generalización o aplicación de inferencias obtenidas en un estudio a otros ambientes o contextos. Incluye los términos de validez ecológica y validez externa ecológica del campo CUAN y el término transferabilidad del campo CUAL. Ver transferabilidad de inferencia.

Transferabilidad operacional: es el grado al cual las inferencias que se hacen en función de los resultados, son generalizables a otros métodos de observación/medición de entidades o atributos acerca del hecho del cual trata la inferencia. Incluye los términos CUAN de validez externa de operaciones y validez externa operacional (ver Ary, Jaccobs, y Razavich, 2003).

Triangulación: combinación y comparaciones de datos de fuentes múltiples, de recolección y análisis de datos, de métodos de investigación, o de inferencias que ocurren al final de un estudio con el objeto de tener una mejor visión de los resultados. Denzin (1978) usó los términos *triangulación de datos, triangulación de teoría o teórica* y *triangulación metodológica.* Erzberger y Udo han usado el término para referirse a la concordancia entre inferencias. Ver reglas de integración.

Validez convergente:
- Es el grado en el que el procedimiento de recolección de datos (e.g. instrumento, test, protocolo de observación) muestra similaridad entre grupos que teóricamente se espera serán similares en el constructo o atributo bajo investigación.
- Es cuando los resultados del procedimiento de recolección de datos están altamente correlacionados con las otras formas de medir el atributo (e.g. otros métodos de recolección de datos, otros tests).
- Es cuando los resultados de la medición son consistentes con los indicadores del constructo bajo investigación u otros constructos que teóricamente se espera estén altamente relacionados. Es sinó-

nimo con triangulación de datos de la investigación cualitativa. Ver también calidad de datos y principio de similaridad-contraste.

Validez (validez de medición, validez de datos): ver calidad de datos.

Validez (validez de diseño, validez inferencial): ver calidad de inferencias.

Validez de constructo : Ver validez convergente, calidad de datos y validez discriminante.

Validez de medición: ver calidad de los datos.

Validez de población (o validez externa de población): ver transferabilidad de inferencias.

Validez discriminante:
- Es el grado en el que el procedimiento de recolección de datos (e.g. instrumento, test, protocolo de observación) muestra diferencias entre grupos que teóricamente se espera serán diferentes en el constructo o atributo bajo investigación.
- Es cuando los resultados de los procedimientos de recolección de datos no están correlacionados con las medidas o indicadores de los atributos tal como se esperaba teóricamente. Ver también principio de similaridad-contraste.

Validez ecológica (o validez externa ecológica): ver transferabilidad ecológica.

Validez externa: definida por Cook y Campbell (1979, p. 37) como "la validez aproximada con la cual se puede inferir que una supuesta relación causal puede ser generalizada hacia otras medidas alternativas de causa efecto y a otros tipos de personas, lugares y tiempos" (p. 37). Ver transferabilidad de inferencia.

Validez interna : este término es definido por Cook y Campbell (1979) como "la validez aproximada por la cual se puede inferir que una relación entre dos variables es causal o que la ausencia de relación implica la ausencia de causa". Ver calidad de la inferencia.

Anexo C

Clasificación de diseños de métodos mixtos

Autor	Diseños de métodos mixtos	Disciplina /Campo
Greene, Caracelli y Graham (1989)	– Iniciación – Expansión – Desarrollo – Complementariedad – Triangulación	Evaluación
Patton (1990)	– Diseño experimental, data cualitativa y análisis de contenido. – Diseño experimental, data cualitativa y análisis estadístico. – Indagación naturalística, data cualitativa y análisis estadístico. – Indagación naturalística, data cuantitativa y análisis estadístico.	Evaluación
Morse (1991)	– Triangulación simultánea CUAL + cuan CUAN + cual – Triangulación secuencial CUAL ⟶ cuan CUAN ⟶ cual	Enfermería
Steckler, McLeroy, Goodman, Bird y McCormick (1992)	Modelo 1: métodos cualitativos para desarrollar medidas cuantitativas. Modelo 2: métodos cuantitativos para embellecer hallazgos cuantitativos. Modelo 3: métodos cualitativos para explicar hallazgos cualitativos. Modelo 4: métodos cualitativos y cuantitativos usados por igual y en paralelo.	Educación de salud pública

Autor	Diseños de métodos mixtos	Disciplina /Campo
Greene y Caracelli (1997)	– Diseños de componentes: * Triangulación. * Complementario. * Expansión. – Diseños integrados: * Reiterativo (*Interative*). * Anidado (*Nested*). * Holístico. * Transformativo.	Evaluación
Morgan (1998)	– Diseños complementarios: * Preliminarmente cualitativo. * Preliminarmente cuantitativo. * Seguimiento cualitativo. * Seguimiento cuantitativo.	Investigación en salud
Tashakkori y Teddlie (1998)	– Diseños de métodos mixtos: * Estatus equivalente (secuencial o paralelo). * Dominante-menos dominante (secuencial o paralelo). * Uso de multinivel. – Diseño de modelos mixtos: * Confirmatorio/Data Cual/ Análisis de inferencia estadística. * Confirmatorio/Data Cual/Inferencias cualitativas. * Exploratorio/Data Cuan/Análisis e inferencia Estadística. * Exploratorio/Data Cual/Análisis e inferencia estadística. * Confirmatorio/Data Cuan/Inferencias cualitativa. * Exploratorio/Data Cuan/Inferencias cualitativas. * Modelo paralelo mixto. * Modelo secuencial mixto.	Investigación educacional
Creswell (1999)	– Modelo convergente. – Modelo secuencial. – Modelo de construcción de instrumentos.	Políticas educativas

Creswell y otros (2003, pp. 216-217). En: Tashakkori y Teddlie

Anexo D

Métodos cuantitativo, cualitativo y mixto

Aldy Chang (2004) presenta una interesante comparación entre los métodos cuantitativo, cualitativo y mixto, a partir de diferentes criterios.

Estrategias de indagación		
Cuantitativo	Cualitativo	Métodos mixtos
- Diseños experimentales. - Diseños no experimentales (*surveys*).	– Narrativa. – Fenomenología. – Etnografías. – Teoría de base. – Estudio de casos.	– Secuencial. – Concurrente. – Transformativa.
	Procedimientos	
– Predeterminado. –Instrumentos a partir de preguntas. –Datos relacionados con performance, actitudes, cursos y observaciones. – Análisis estadístico.	– Métodos emergentes. – Preguntas abiertas. –Datos de entrevistas, documental, audiovisual, de observaciones. –Análisis de texto e imagen.	– Métodos predeterminados y emergentes. –Preguntas abiertas y cerradas. –Formas múltiples de recolección de datos –Análisis estadístico y de texto.

Enfoques de investigación			
Tendencia/típico	Cuantitativa	Cualitativa	Métodos mixtos
-Uso de premisas filosóficas. -Empleo de estrategias de indagación.	-Postpositivismo. -Encuestas y experimentos	-Constructivismo, conocimiento participativo. -Fenomenología, teoría de base, etnografía, estudio de caso y narrativa.	-Conocimiento pragmático. -Secuencial, concurrente y transformativo
Emplea esos métodos.	-Preguntas cerradas. -Enfoques predeterminados. -Data numérica.	-Preguntas abiertas. -Enfoques emergentes. -Datos: texto o imágenes.	-Métodos determinados y emergentes. -Preguntas abiertas y cerradas. -Análisis cuantitativo y cualitativo de datos.

Enfoques de investigación			
Tendencia/típico	Cuantitativa	Cualitativa	Métodos mixtos
Usa la práctica de la investigación en la cual el investigador:	-Prueba o verifica teorías o explicaciones. -Identifica variables de estudio. -Relaciona variables en preguntas o hipótesis. -Usa estándares de validez y confiabilidad. -Observa y mide, numéricamente, información. -Usa enfoques no sesgados. -Emplea procedimientos estadísticos.	-Se posiciona a sí mismo. -Recoge significados de manera participativa. -Se centra en un concepto o fenómeno. -Trae valores personales al estudio. -Estudia el contexto o ambiente de los participantes. -Valida la precisión de los resultados. -Hace interpretación de los hallazgos y de los datos. -Crea una agenda para el cambio o reforma. -Colabora con los participantes.	-Recoge datos cualitativos y cuantitativos. -Desarrolla una justificación para mezclar métodos. -Integra datos en las diferentes etapas del estudio. -Presenta representaciones visuales de los procedimientos. -Usa la "práctica" de los dos métodos.

Anexo E

Formato del plan de investigación*

Cualitativa		Cuantitativa	Mixta
Constructivista/ interpretativa	*Defensa/ participativa*		
Introducción. - Enunciado del problema (con literatura acerca del problema). - Propósito del estudio. - Preguntas de investigación. - Delimitación y limitaciones. Procedimientos - Características de la investigación cualitativa (opcional). - Estrategia de la investigación cualitativa. - Rol del investigador. - Procedimientos de recolección de datos. - Procedimientos de análisis de datos. - Estrategias para validar los hallazgos. - Estructura narrativa. Cuestiones éticas anticipadas. Significancia del estudio. Hallazgos del piloto preliminar.	Introducción. - Enunciado del problema (con literatura acerca del problema). - Asunto de defensa/participación. - Propósito del estudio. - Preguntas de investigación. - Delimitación y limitaciones. Procedimientos - Características de la investigación cualitativa (opcional). - Estrategia de la investigación cualitativa. - Rol del investigador. Procedimientos de recolección datos (incluyen los enfoques colaborativos usados con los participantes) - Procedimientos de registro de datos. - Procedimientos de análisis de datos. - Estrategias para validar los hallazgos. - Estructura narrativa.	Introducción. - Enunciado del problema. - Propósito del estudio. - Perspectiva teórica. - Preguntas de investigación e hipótesis. - Delimitación y limitaciones. Revisión de la teoría (Marco teórico). Método - Tipo de diseño de investigación. - Muestra, población, y participantes. - Instrumentos de recolección de datos, variables y materiales. - Procedimiento de análisis de datos. Cuestiones éticas anticipadas. Estudios preliminares o pruebas piloto. Significancia del estudio.	Introducción. - Enunciado del problema. - Propósito del estudio (incluye enunciados cuantitativo y cualitativo y razón para usarlo en el mismo estudio). - Preguntas de investigación (cualitativas y cuantitativas) - Revisión de la teoría (en sección separada si el énfasis es cuantitativo). Procedimiento o Método - Características de la investigación mixta. - Tipo de diseño mixto (incluyendo razones por la selección). - Modelo visual y procedimientos del diseño. - Procedimientos de la recolección de datos. . Tipos de datos. . Estrategia de muestreo. - Procedimientos de análisis de datos y validez.

Cualitativa		Cuantitativa	Mixta
Constructivista/ interpretativa	*Defensa/ participativa*		
Resultados esperados. Anexos: preguntas de la entrevista, formatos de observación, líneas de tiempo y presupuesto.	Cuestiones éticas anticipadas. Significancia del estudio. Hallazgos del piloto preliminar. Resultados esperados. Anexos: preguntas de la entrevista, formatos de observación, líneas de tiempo y presupuesto.	Anexos: instrumentos, líneas de tiempo y presupuesto.	- Estructura del reporte. Rol del investigador. Cuestiones éticas potenciales. Significancia del estudio. Resultados esperados. Anexos: instrumentos o protocolos, esquemas de los capítulos y presupuesto.

(*) Chang, Aldy (2004). Planning and conducting educational research: Quantitative, Qualitative and Mixed Methods Approaches.

 autor

Agustín Campos Arenas

El Dr. Agustín Campos Arenas realizó estudios y se tituló en la Pontificia Universidad Católica del Perú – Lima, como Profesor de Educación Secundaria en la especialidad de Matemática y Física. En esta misma universidad estudió y se graduó como Doctor en Educación.

Obtuvo el Master en Educación en Temple University (Estados Unidos). Luego, hizo estudios sobre "Educación No Formal y del Adulto" en las Universidades de Manchester (Inglaterra) y Edimburgo (Escocia). También logró el Ph. D. en "Sistemas Instruccionales" en Florida State University. A esta universidad regresa posteriormente como Profesor visitante.

Sus actividades profesionales las inicia como profesor de Matemática. Trabajó durante 10 años en la Dirección General de Educación Superior –DIGES– del Ministerio de Educación como especialista en Tecnología Educativa, ejerciendo en los últimos años el cargo de "Director de Formación Magisterial".

Su labor como profesor universitario la ejerció inicialmente en la Universidad Católica así como en la Universidad Femenina del Sagrado Corazón –UNIFÉ–. Posteriormente, se dedica sólo a esta última en la cual ejerce la docencia hasta la actualidad en la Escuela de Post-Grado, Maestría y Doctorado en Educación. En la Unifé, ha ocupado los cargos de Jefe de Departamento, Decano de la Facultad de Ciencias de la Educación y Vicerrector Académico. Hoy es Director de la Oficina de Evaluación

Tiene varias publicaciones en Educación, a través de la Unifé. En el 2005, inicia su relación de autor con la Editorial Magisterio de Colombia con su libro "Mapas conceptuales, mapas mentales y otras formas de representación del conocimiento". En esta misma editorial publicó, en el 2007, el libro "Pensamiento Crítico: Técnicas para su desarrollo".

El Dr. Campos ha recibido en Perú las siguientes distinciones: Profesor Honorario de la Universidad Los Ángeles, Medalla Sagrado Corazón de la Universidad Femenina –UNIFÉ–, Palmas Magisteriales, en el Grado de Maestro, del Estado Peruano a través de Ministerio de Educación de Perú y Egresado Distinguido, de la Pontificia Universidad Católica .

Es también Consultor Internacional en Educación del BID, AID y otras organizaciones, habiendo realizado consultorías en una gran cantidad de países latinoamericanos.

LA INVESTIGACIÓN
FORMATIVA EN EL AULA
La Pedagogía como investigación
Hugo Cerda Gutiérrez

CÓMO DESARROLLAR
COMPETENCIAS
INVESTIGATIVAS EN
EDUCACIÓN
José Federman Muñoz Giraldo
Josefina Quintero Corzo
Raúl Ancízar Munévar Molina

DIRECCIÓN Y ASESORÍA DE LA
INVESTIGACIÓN CIENTÍFICA
Pablo Guadarrama González

MANUAL PARA LA FORMACIÓN
DE INVESTIGADORES
Una guía hacia el desarrollo del
espíritu científico
Mauricio Castillo Sánchez

METODOLOGÍA DEL TRABAJO
CIENTÍFICO
Antonio Joaquim Severino

MÉTODOS MIXTOS DE
INVESTIGACIÓN
Integración de la investigación
cuantitativa y la investigación
cualitativa
Agustín Campos Arenas